Leela Vogl

Binde deinen Kahn an einen Stern

Leela Vogl

Binde deinen Kahn an einen Stern

Heilung durch Erkenntnis und Gelassenheit

Impressum

Bibliografische Information der Deutschen Nationalbibliothek: Die Deutsche Nationalbibliothek verzeichnet diese Publikation in der Deutschen Nationalbibliografie; detaillierte bibliografische Daten sind im Internet über http://dnb.dnb.de abrufbar.

Die automatisierte Analyse des Werkes, um daraus Informationen insbesondere über Muster, Trends und Korrelationen gemäß §44b UrhG („Text und Data Mining") zu gewinnen, ist untersagt.

© 2025 Leela Vogl

Coverbild durch Ki erstellt: Ki-bild.de

Verlag: BoD · Books on Demand GmbH, In de Tarpen 42, 22848 Norderstedt, bod@bod.de

Druck: Libri Plureos GmbH, Friedensallee 273, 22763 Hamburg

ISBN: 978-3-7693-0125-0 Alle Rechte bei der Autorin

Inhaltsverzeichnis

Text von Marianne Williamson, aus der Antrittsrede von Nelson Mandela

Unsere größte Angst ist nicht, dass wir ungenügend sind.

Unsere tiefgreifendste Angst ist, über das Messbare hinaus kraftvoll zu sein!

Es ist unser Licht, nicht unsere Dunkelheit, die uns am meisten Angst macht.

Wir fragen uns, wer bin ich, mich brillant, großartig, talentiert, phantastisch
zu nennen?

Du bist ein Kind Gottes, dich selbst klein zu halten, dient nicht der Welt!

Es ist nichts Erleuchtetes daran, sich selbst so klein zu halten,

dass andere um dich herum sich nicht unsicher fühlen.

Wir sind alle bestimmt, zu leuchten, um den Glanz Gottes, der in uns ist, zu
manifestieren.

Es ist nicht nur in einigen von uns, es ist in jedem Einzelnen.

Und wenn wir unser eigenes Licht erscheinen lassen, geben wir unbewusst
auch anderen Menschen die Erlaubnis, dasselbe zu tun.

Wenn wir von unserer eigenen Angst befreit sind, befreit unsere Gegenwart
automatisch andere.

Nelson Mandela

VORWORT

Das Buch sollte zuerst **Hand in Hand mit dem Leben** heißen, die Vorstellung, sich von einem Stern leiten zu lassen, überwog allerdings.

Es gäbe unendlich viel zu wissen! Wenn man sich allerdings auf den Weg gemacht hat dazuzulernen, bemerkt man schnell, wieviel an Wissen im Laufe eines Lebens nicht entdeckt wird.

„Ich weiß, dass ich nichts weiß", sagte einst Sokrates.

Ich habe über Jahre mein Wissen gerne erweitert. Mich selber revidiert, überdacht, mich geöffnet für andere Wege. So entstand ganz langsam in vielen Bereichen meines Lebens eine Sichtweise, die mich jetzt begleitet und aus deren Fundus ich schöpfen kann.

Sollte ich ein Fazit meiner Erfahrungen in einigen Sätzen zusammenfassen, wären es diese hier:

Binde deinen Kahn an einen Stern

Sei ein buntes Schaf.

Die Grenzen setzt du dir selber.

Sei anders, sei du! Du kannst überall hin, wenn du es dir selber erlaubst! Wenn du kein Einhorn sein kannst, sei ein Einhorn! Wenn du wissen willst, was du wirklich willst, schau dir dabei zu, was du tust. Vielleicht öffnest du dich einem neuen Zugang zu den alltäglichen Herausforderungen. Manchmal genügt es, auf einen Berg zu steigen um eine andere Perspektive einzunehmen. Gelegentlich hilft ein Buch. Die Vorstellungskraft ist unglaublich stark. Nutze sie, um Licht in all deine Angelegenheiten zu bringen! Leela Vogl

EINLEITUNG

Die Seele, der Geist, die Psyche sind ein überaus wichtiger Teil in unserem Leben. Der Alltag lässt schnell vergessen, dass es nicht nur um schlafen, arbeiten, essen und Zeit totschlagen geht.

Wir tragen Tag für Tag einen unsichtbaren Rucksack mit uns herum, der unser Leben Sekunde für Sekunde beeinflusst.

Warum erlebt ein Mensch immer wieder Trennungen? Warum wechselt jemand häufig seinen Wohnort. Wieder ein anderer Mensch findet seine wirkliche Heimat nicht. Weder an einem Ort, noch in einem anderen Menschen, geschweige denn in sich selbst. Heimat ist da, wo Freunde und Familie sind. So habe ich es einmal benannt.

Wieso geschieht das? Weshalb wiederholen sich manche Dinge ständig? Hier kommt nun der unsichtbare Rucksack ins Spiel. In diesem imaginären Gepäckstück sind alle anerzogenen, erlernten Glaubensmuster und Verhaltensweisen enthalten. Außerdem die Geschichte unserer Ahnen, die uns mehr beeinflusst, als wir es uns vorstellen können. Dazu gleich mehr.

Dieser Rucksack ist da, egal, ob wir ihn wahrnehmen oder nicht. Alle in der Kindheit erlernten Glaubenssätze, die Umstände unserer Kindheit und unser Erbgut, sind in ihm verborgen. Wenn man sich diesen

Rucksack bewusst macht, kann man sich selber besser verstehen! Kann dem Leben anders entgegentreten. Ich beschreibe vieles aus meinem Leben. Möglicherweise kennst du etliches ebenso von dir. Unsere Geschichten helfen immer auch anderen. Es gibt Traumata in unserer Ahnenreihe, die uns im Leben mehr beeinflussen können, als wir für möglich halten würden!

TRANSGENE TRAUMATA

Ankommen? Wie geht das?

Lange hat es gedauert, bis ich erkannte, dass die Flucht meiner Familie, bei Vater und Mutter, zu transgenen Traumata geführt hatte. Die Autorin Sabine Bode[1] hat darüber etliche Bücher geschrieben, die mir die Augen für dieses Thema öffneten. Denn meine Mutter zog häufig um, auch noch im Alter. Wie ihre Eltern.

Mütterlicherseits fanden einige Brüche in der Kriegszeit statt.

Opa und Oma waren Richtung Danzig gezogen. Mein Großvater hatte dort, als Chefredakteur, eine Anstellung gefunden. In Bromberg, dem heutigen Bydgoszcz. Oma wollte nicht, dass ihre Kinder den Dialekt

---

[1] Sabine Bode – Die vergessene Generation - Klett-Cotta Verlag

der Heimat sprechen. Deshalb gefiel ihr der Ort sehr gut. Heute liegt Bydgoszcz in Polen.

Werdau, wo sie herkamen, gehört zu Sachsen. Durch den Krieg musste die Familie im Januar 1945 vor den heranziehenden Russen aus Bromberg flüchten. Zurück ging es von Bromberg nach Sangerhausen.

Nach dem Krieg floh Oma mit ihren zwei, noch kleinen Kindern und meiner Mutter, die fast erwachsen war, erneut! Dieses Mal nach Hamburg. Wochenlang hatte sie Pakete mit Habseligkeiten, zu ihrer dort schon lebenden Schwester, nach Hamburg geschickt. Dank des guten Kontaktes zum Postbeamten ging dies ohne Schwierigkeiten. Dann überredeten die Großeltern eine Bäuerin, meiner Oma den Weg über die grüne Grenze zu zeigen.

Dies war recht gefährlich, für alle!

Da meine Oma eine lebenskluge Frau war, verriet ihr Gepäck nichts. Es sah nur nach Kindern und deren Mutter aus, die einer Bäuerin auf dem Acker halfen.

Alles ging gut!

So konnte meine Großmutter, im Jahr 1950, mit einem Zug Richtung Hamburg, in die neue Heimat aufbrechen. Dort zogen alle in ein großes Zimmer in der Wohnung eines Onkels ein.

Der Grund für den Weggang aus der Heimat, war dieses Mal nicht ein Dialekt, sondern die Russische Zone, zu der Sangerhausen gehörte. Meine Großeltern waren intellektuelle Freigeister! Sie wollten, dass auch ihre Kinder frei aufwachsen konnten. Einfach war diese Entscheidung sicherlich nicht gewesen.

Opa hatte alle wichtigen Papiere verloren. Die Hoffnung vielleicht auch. Wie mein Großvater sich fühlte, zeigt der von ihm geschriebene Text:

DER CLUB DER VIERZIG

Wir sind ihrer Vierzig. Vierzig Männer im besten Alter. So um die Fünfzig herum. Zwanzig von ihnen sind Männer des Kopfes und der Feder, Männer mit leichten Händen und scharfen Sinnen, mit Phantasie, Einfall und Wissen: Kunstmaler, Graphiker, Regisseure, Bühnenbildner, Schriftsteller, Journalisten.

Die andere Hälfte: Stewards und Kellner, Musiker und ein Artist, zufällig der stärkste Mann der Welt und der „Einundvierzigste" in unserer Reihe, denn er gilt als Bauchredner für zwei. Das ist unser Club der Vierzig. Beitreten dürfen Sie ihm nicht, doch vielleicht sind Sie unserer reizvollen Mischung von Talenten schon einmal begegnet? Vielleicht haben Sie uns schon am Werk gesehen, uns Kellner und Kunstmaler, uns Bassgeiger und Schriftsteller?

Falls Sie einmal vorbeikommen – unsere Wirkungsstätte ist das Kaiser-Friedrich-Ufer – seien Sie willkommen! Und keine Angst bitte: Wir stellen nichts aus, wir wollen nichts verkaufen, wir wollen keinen Beifall, wir wollen überhaupt nichts. Wir schaufeln und hacken, wir graben und harken, wir planieren und säen, wir fahren Mist und laden Erde, wir streuen Torfmull, überziehen Hunde mit Krieg, welche unsere saure Arbeit zertrampeln, wir lachen knattern-de Salven, wenn unser kleiner Meister mit dem bissigen Gesicht und dem goldrichtigen Herzen zu uns sagt:

„Männer, ihr arbeitet nicht schlecht, doch es muss schon auf der Hoheluftchaussee sauer riechen von dem Schweiß, den ihr vergießt!" Das sind wir. Gewiss, wir schauen ein bisschen bunt und berufsfremd aus: Der eine trägt eine Baskenmütze, der andere einen Homburg und jener einen Bastard zwischen Konditor- und Kapitänsmütze. Da ist unser Senior, einst Steward bei der Hapag. Das war in guten Zeiten, heute arbeitet er im dicken Wintermantel, weil er nur noch Haut und Knochen ist und den ewigen Schnupfen von den Ozeanen der Welt mitbrachte!

Daneben, der Brocken Mann mit dem verschlossenen Gesicht und dem dumpfen Wesen, lebt das Leben eines Einsiedlers und schreibt nachts bei Kerzenlicht ein Buch, das den leidenden Menschen helfen soll, ein besseres Leben zu schaffen.

Und jener muskulöse Kurze mit dem blassen, breiten Gesicht, der wie ein Buch redet und wie ein Schwerst-arbeiter schafft, der war einst ein Sologeiger und Stimmungssänger im Frack, seine Noten und Instrumente verbrannten in einer der Katastrophennächte. Wenn Sie bei uns vorbeikommen und zufällig ein so prächtiges Wiehern hören, dass Ihnen vor Lachen die Tränen aus den Augen stürzen, so mögen Sie wissen, dass das ein Hamburg-Süd-Fahrer von sich gibt, der einst vor Feuerland dem Tod gerade noch entwischte, als sein schönes Schiff an einer Klippe zuschanden ging und der heute in einer ehemaligen Veranda einsam einen Kaffee braut.

Jeder ist ein Schicksal, das ein Buch füllen könnte. Der eine saß im KZ, weil er gegen Hitler stand, sein Nebenmann marschierte währenddessen in der SA, aber sie vertragen sich als gescheite Männer.

Was gilt das Gestern? Wir müssen das Heute durchstehen! Wird der ausländische Journalist, der unter einem Bolschewistischen Regime nicht leben kann, seine Heimat wieder sehen?

„Werden wir es noch erleben, zurückzukehren?", fragt jener Ostzonenflüchtling (mein Großvater) mit der Baskenmütze auf dem schütteren angegrauten Haar, der einst Chefredakteur im Osten seit Jahren mit seiner fünfköpfigen Familie in einem Zimmer haust?

Neben ihm sticht vielleicht gerade der Kunstmaler aus dem Baltikum seinen Spaten in die braune Erde und demonstriert so durch eigener Hände Arbeit ein Motiv, das ihm einst Objekt künstlerischen Schaffens war? Sie alle müssen ihr Schicksal tragen, wir alle von unserem Club der „zu alten", der Männer ohne „Protektion" und „Referenzen", ohne „Unterlagen" und „Belege".

Wir sind die Zuschauer am Rande des Wunders vom deutschen Wiederaufstieg, aber wir verzweifeln nicht und schämen uns auch der Hacke und Schaufel nicht. Doch mitunter fragen wir uns doch: Ist es nicht ein vermeidbarer Notstand, dass unser Wissen und Können in einem Spaten enden soll? Vielleicht nennt man uns deshalb Notstandarbeiter? Hans Herold 1900-1985, Text von 1950

FAMILIE NACH DEM KRIEG

Meine Großmutter ging putzen. So zahlte sie die Möbel ab, die von einer reichen Familie gekauft, nun in einer schönen Wohnung in der Nissenstraße in Hamburg-Eppendorf standen. Großvater bekam eine Stellung in einem Zigarrenlädchen, wo er bis zur Rente blieb. Seine Arbeit als Klavierlehrer, Journalist oder Fotograf nahm er nie wieder auf.

Meine Mutter entfloh aus der Enge des einen großen Zimmers in dem alle untergekommen waren, in die Hochzeit mit meinem Vater. Als meine Mutter zwanzig Jahre alt war, wurde zuerst meine Schwester geboren und zweieinhalb Jahre später ich.

Mein Vater, ebenfalls als Flüchtling in Hamburg gestrandet, nahm sein neues Leben entschieden an. Er kam zuvor aus Pommern. Seine Eltern hatten die schlimme Flucht über das Haff gewählt. Hunderttausende flohen vor den Russen und tausende Menschen ließen am Haff ihr Leben. Der Großvater musste seinen Bauernhof samt Rindern und Pferden zurücklassen.

Zusammen mit den Geschwistern meines Vaters und ihrer Mutter strandeten sie am Ende ihrer Kraft, südöstlich von Hamburg. Ein Onkel von mir, der neunzig Jahre wurde, lag nach der Flucht ein Jahr lang mit Tuberkulose im Krankenhaus.

Nicht nur einmal hatte man der Großmutter geraten, den sterbenden Jungen im Straßengraben zu *entsorgen*. Sie hatte ihre ganze Kraft in seine Rettung gegeben und es geschafft!

Die vier Kinder wuchsen nun, statt auf einem Bauernhof in Pommern, in Wentorf bei Hamburg auf.

Mein Vater stand Ende des Krieges in Österreich, auf einem Bauernhof, als Knecht in Lohn und Brot. Als desertierter Soldat flüchtete er aus der Kärntner Gegend über Leoben in die Steiermark. Als Bauerssohn war ihm diese Arbeit natürlich vertraut.

Mein Vater musste ein halbes Jahr in italienischer Kriegsgefangenschaft verbringen. Denn die Familie musste ihn natürlich melden, um selber nicht in Gefahr zu geraten.

Diese freundlichen Menschen in der Ramsau wurden zu seiner zweiten Familie. Wir fuhren jahrelang dorthin, um „unsere österreichischen Verwandten" zu besuchen.

Mein Vater konnte nach dem Krieg einen Traum verwirklichen.

Zwar war es ihm nicht vergönnt, Förster zu werden, doch er fand eine Anstellung als Polizist, bei einer neu gegründeten Reiterstaffel. So hatte er tagtäglich mit Pferden zu tun, was sein großes Glück war.

Die Traumata der Kriegszeit zeigten sich bei allen Familienmitgliedern auf verschiedene Art. Meine Großeltern mütterlicherseits konnten irgendwie nie an einem Ort wohnen bleiben.

Nachdem Opa in Rente war, zogen sie häufig um. Meine Mutter trennte sich von meinem Vater, als ich vierzehn war und zog danach auch mehrmals um. Viele Umzüge, bis zu ihrem 83 Lebensjahr. Seither lebt sie nun mit 92 Jahren zufrieden in einer schönen Wohnung, in einer Seniorenwohnanlage.

Irgendwie kamen alle nie so wirklich in einer neuen Heimat an.

Meine Mutter fand keine engen Freunde. Bekannte ja, nette Nachbarn – aber keine Freunde.

Wie auch?!

Die Nähe stellte die unsichtbare Barriere dar. Die Mutter meiner Mutter hatte sie ständig gemahnt, *dass diese Leute doch nichts für uns wären* und man *die anderen nicht zu nah an sich heranlassen möge.* Wie soll man da ein vertrauensvolles Leben aufbauen?[2]

Nach meiner Einschätzung resultiert das aus den Wunden des Krieges, der Flucht, *des nicht angenommen seins* in der neuen Heimat Hamburg. So zog sich die Bereitschaft, schnell die Zelte an einem Ort abzubrechen, wenn etwas nicht passte, bis in das Leben meiner eigenen Familie.

Als meine Mutter vor etlichen Jahren ein zweites Mal in unser Dorf zog und diesmal sogar in unser Haus, hatte ich berechtigte Hoffnung, dass sie nun wirklich ankommen würde. Dem war nicht so. Die Nähe war ihr nicht so angenehm und wir hatten keine schöne Zeit, wie von uns erhofft.

So zog sie wieder fort, in den Norden.

---

[2] Meine Mutter schrieb ein Buch über ihre Mutter.
Ein interessantes Zeitdokument: **Lilli** von Ingrid Herold.

Wir führten viele Gespräche, auch über Nachkriegstraumata. So verstanden wir, die im Grunde immerwährende Flucht und unsere Verhaltensweisen. Jetzt, mit zweiundneunzig Jahren, ist meine Mutter im neuen Ort innerlich und äußerlich gut angekommen.

In diesem Alter Freundschaften aufzubauen ist natürlich nicht einfach. Aber sie führt jetzt ein erfülltes Leben und ich kann über die Ferne sehr viel hilfreicher sein, als nah neben ihr. Das habe ich zum Glück nach all den Jahren verstanden.

Diese innerlich oft abwesende Mutter resultiert aus den Kriegserlebnissen, dem Verhalten ihrer eigenen Eltern und den Traumata, die sie immer noch mit sich herumtrug oder trägt.

Flucht und Kriegserlebnisse bleiben ein Leben lang in den Zellen. Man kann nur lernen, damit zu leben. Wie Sabine Bode in ihren Büchern schreibt, übertragen sich diese Traumata auf die nächsten Generationen, sogar noch auf die Enkel.

In unserer Familie gibt es einige Erkrankungen im Bereich Depression und etliche biographische Brüche in beruflicher Hinsicht. Es zieht sich durch die mütterliche Familie ein diffuses Gefühl, nicht anerkannt zu sein. Paradoxerweise ebenso innerhalb der Familie nicht anerkannt zu sein!

BUNTE ODER SCHWARZE SCHAFE

Wir sind eigentlich wie eine Herde schwarzer Schafe, die sich ihren Weg unter lauter weißen Schafen sucht! Ständig betonend, dass wir ebenfalls weiß seien, man das aber nicht sieht. Wir wollen dazu gehören! Das schafft Verhaltensweisen, die von extremer Anpassung bis zur Einsiedelei gehen. Dennoch oder gerade deshalb, sind die meisten in unserer Familie stark, kreativ und menschenfreundlich. Vielleicht auch, weil wir als Vertriebene wissen wie man sich fühlt, wenn man alles verloren hat und nie oder wenig Freunde fand.

Das Gefühl, anders zu sein als Zugezogene, kenne ich sehr gut.

Wenngleich ich hier im Hunsrück meine Heimat gefunden habe. Doch den Menschen bleibe ich ebenso gerne auf Dauer fern, wie meine Oma oder meine Mutter es taten. Dabei mag ich die Menschen hier und fühle mich ihnen vertraut, als seien sie aus meiner eigenen Familie. Diese Diskrepanz kenne ich von meiner Mutter und habe es als Kriegstrauma enttarnt.

Es tut gut zu wissen, warum man so ist, wie man ist.

Dann gelingt annehmen!

Dadurch, dass meine Mutter ein Jahr bei uns gelebt hat, konnten wir viele Gespräche über diese Zeit der Flucht und danach führen. So öffnete sich mir ein Verständnis für unsere Familiengeschichte! Heilung fand statt.

Jetzt bin ich kein schwarzes Schaf mehr, das sich vergeblich versucht, unter weißen Schafen zu verstecken. Nein, ich bin, um bei diesem Bild zu bleiben, ein buntes Schaf! Ich habe absolute Berechtigung hier in oder außerhalb der Herde zu leben. Ganz wie ich es gerade mag.

Wie viele Verhaltensweisen, Krankheiten und Traumata aus den Kriegs- und Fluchterlebnissen unserer Vorfahren resultieren, kann man kaum glauben, schon gar nicht in vollem Ausmaß erfassen.

Unter diesem Gesichtspunkt haben die Flüchtlinge der heutigen Zeit mein ganzes Mitgefühl. Wie lange es dauert, wie viele Generationen daran knabbern und leiden müssen, kann man kaum erfassen. Es wird Zeit, dass endlich Frieden in den Herzen aufblüht und Kriege, sowie Vertreibungen ein Ende finden.

FRIEDEN

Wenn wir uns etwas wünschen, sollten wir selbst der Beginn der Veränderung sein! So übe ich mich darin, den Frieden, den ich mir wünsche, selber zu leben. Als sechzehnjährige schrieb ich in der Schule ein Lied.

Frieden

1.Vom Frieden reden hilft nicht viel, auch nicht, wenn man marschiert.

Er kommt wie Lachen, Dank und Traum, schon wenn man ihn probiert.

Refrain: Denn der Friede wächst, wie die Blumen blühn, so bunt so schön, so still. Denn er fängt bei uns Zuhause an, bei jedem, der ihn will.

2.Die Angst vor Streit und Hass und Krieg, lässt viele oft nicht ruhn'.

Doch wenn man Frieden haben will, muss man ihn selber tun.

3. Man braucht zum Frieden Fantasie und Liebe und Verstand.

Und wo es was zu heilen gibt, da braucht man jede Hand © L.V. 1972

Nein, nicht Residenz…sondern: Re- silienz..Schauen wir zuerst einmal im Wiktionary online:

Unter *Bedeutung* erfahren wir, dass Resilienz - die [..] Fähigkeit elastischen Materials, nach starker Verformung in den Ausgangszustand zurückzukehren - betrifft.

Oder die Fähigkeit von Lebewesen, ökonomischen oder sonstigen Systemen, sich gegen erheblichen Druck von außen selbst zu behaupten

Die Wortherkunft geht zurück auf das lateinische Verb *resilire* „zurückspringen, abprallen". Ähnliche Wörter wären: Elastizität, Selbstregulation, Robustheit, Standhaftigkeit, Widerstandsfähigkeit und Zähigkeit. „Ein anschauliches Beispiel für *Resilienz* im engeren Sinn ist, die Fähigkeit von Stehaufmännchen, sich aus jeder beliebigen Lage wieder aufzurichten."

„In der Individualpsychologie lässt sich mit *Resilienz* erklären, warum und wie gedemütigte, missbrauchte Kinder stark werden können. Wieder *Herren* ihres eigenen Lebens sein können."

„Der Grundstein für *Resilienz* - also die Fähigkeit, trotz belastender Erfahrungen seelisch gesund zu bleiben - wird offenbar bereits in frühen Jahren gelegt." Wie komme ich dazu, über ein Wort zu schreiben, dass die wenigsten Menschen kennen?

Zufällig las ich einen Artikel darüber, als ich über die transgenen Traumata schrieb. Mir wurde schon häufiger gesagt, dass ich eine große innere Stärke besitze. Da fiel mir bisher immer der Spruch ein:

„Schenkt das Leben dir Zitronen, mach Limonade draus!"

Resilienz bedeutet in etwa:

Wenn man sich trotz schwerster Lebenskrisen seine Handlungskraft bewahrt. Resilienz-Forscher bezeichnen das als „Selbstwirksamkeitserwartung"! Als feste Überzeugung eines Menschen, dass er sein Leben aus eigener Kraft meistern kann.

Wer über diese Fähigkeit verfügt, sucht in einer Krise nicht den Schuldigen! Sondern nach einem Ausweg, im festen Vertrauen darauf, dass dieser möglich ist. Solche Menschen erleben Krisen so schmerzhaft wie andere. Aber sie vertrauen auf den Ausweg und bleiben nicht gelähmt.

RESILIENZ, DAS GEHEIMNIS DER INNEREN STÄRKE

Ich habe bislang also Zitronenlimo gemacht, ohne zu wissen warum. Geht ja auch!

Ich verbrachte die ersten sechs Wochen nach meiner Geburt im Krankenhaus. So konnte ich durch die sterile Atmosphäre kein gutes Mikrobiom für meinen Darm erzeugen. Ebenso fehlte die Geborgenheit im Kreis meiner Familie. Kinder brauchen diese Nähe, um Urvertrauen zu erzeugen! Meine Eltern konnten nicht täglich von Harburg nach Hamburg-Eppendorf in die Uni Klinik fahren. Meine Großmutter besuchte mich deshalb im Krankenhaus. Sie wohnte in diesem Hamburger Stadtteil. Später war ich viel bei den Großeltern zu Gast, auch wenn ich krank war.

Mit Windpocken lag ich, *weiß gekalkt*, auf dem Sofa. Ich hatte die Puderdose auf mir entleert. Dieses Bild habe immer vor Augen, wenn ich daran denke. Oma schimpfte nicht einmal. Sie sagte nur: „Es hat wohl sehr gejuckt, Schummelchen?!" (Ihr Kosename für mich war Schummelchen).

Ich vermute, es ist vor allem meiner Großmutter Lilli zu verdanken, dass ich eine gute Resilienz aufgebaut habe.

Oma Lilli konnte durch die Kriegswirren ihren eigenen Kindern nicht so zur Seite stehen, wie es nötig gewesen wäre. Ihren Enkeln war sie allerdings eine wirkliche Oma. Liebevoll, alles verstehend und warmherzig. Diese Großmutter hat mir stets das Gefühl gegeben, dass ausschließlich ALLES an mir richtig ist. Sie akzeptierte mich komplett als die, die ich war! Ohne Wenn und Aber. Ich vermute, dass ich dadurch tatsächlich meine innere Stärke entwickeln konnte.

Im Deutschen Resilienz Zentrum in Mainz (Ja, das gibt es tatsächlich), ist man der Meinung, so der Neurowissenschaftler Raffael Kalisch (Mitbegründer des Zentrums), dass es auch erbliche Faktoren gibt, die die Resilienz fördern. Intelligenz, Optimismus und die Fähigkeit auf andere Menschen zuzugehen gehören dazu.

Alles Eigenschaften, die Oma Lilli, sowie auch meine Mutter auszeichneten, beziehungsweise auszeichnen. Meine Mutter hat immer wieder, trotz der Flucht und der damit verbundenen Herausforderungen als junger Mensch, den Weg nach vorne angetreten. Sie ist nicht oder nicht lange in Situationen geblieben, die ihr nicht gefielen.

Natürlich könnte man sagen, sie wich gelegentlich aus, statt sich verschiedenen Konflikten zu stellen. Bewundernswert ist für mich allerdings, dass sie die Suche nach ihrem persönlichen Glück nie aufgab! Sie lebt jetzt weitgehend zufrieden. Sie hat ebenso Limonade aus den Zitronen gemacht.

Was aber, wenn man diese Gabe nicht besitzt? Wenn man sie nicht erworben hat im Leben? Ein Mensch braucht verlässliche Bezugspersonen in der Kindheit und ein tragfähiges soziales Netz. Das sollten Eltern und Großeltern wissen und für die Kinder zur Verfügung stellen. Manchmal muss man für sich selber die verlässliche Person sein.

DARUM SCHREIBE ICH DIESES KAPITEL.

Liebe dich selber so, als hättest du eine Mutter oder eine Oma, die dich stets mit ihrer Güte und Liebe positiv begleitet. Fühle dich von dir und der Welt um dich herum bedingungslos angenommen und geliebt.

Da fällt mir das BGE ein = Das bedingungslose Grundeinkommen. Wenn jedes Menschenkind vom ersten Tag seines Lebens an, einfach so ein Grundeinkommen erhält, nur weil es geboren wurde, um wieviel steigt wohl der innere Wert?

Zufällig heute steht in den Tagesbotschaften von Robert Betz folgendes:

„Sei ein Licht in dieser Welt, öffne dein Herz für Verstehen, Respekt, Anerkennung, Würdigung und Annahme all dessen, was du bisher an dir selbst abgelehnt hast. Fang an, das bisher Ungeliebte an dir zu lieben – Und du veränderst die Welt!"

Wenn dir die Vorstellung davon fehlt, wie du dich lieben kannst, dann akzeptiere dich wenigstens genauso wie du bist. So hat der Schöpfer dich gewollt! So und nicht anders! Der Schöpfer liebt dich, tue es ihm gleich. Du bist das Beste, was er sich erdenken konnte. Hätte er dich anders haben wollen, wärst du anders!!!

Du bist außerdem so viel mehr, als du dir nur vorstellen kannst!!!

Auch wenn es Dinge gibt, die dich hindern könnten, dich selber zu lieben, eine Kraft wird es geben, die dich antreibt. Diese zu nutzen, kann Berge versetzen. Wenn diese Kraft ein Wunsch ist, den du im Leben hast, wie es bei mir das Nähen war, dann folge diesem Stern.

Da gibt es diese wundervollen Satz, den angeblich Leonardo da Vinci gesagt haben soll und nach dem ich dieses Buch genannt habe:

Binde deinen Kahn an einen Stern

LIEBE DICH ALSO SELBST!

Was ein altbekannter Spruch. Der nervt. Wenn man ihn ablehnt. Wenn man sich ablehnt. Aber es ist etwas dran. Schon in der Bibel steht ja schließlich, dass Jesus gesagt haben soll:

<u>„Liebe deinen Nächsten wie dich selbst!"</u>

So schrieb der in Aleppo lebende Rabbiner Samuel Laniado um das Jahr 1550 dazu:

„Erstens, wenn die Seelen so sind, wie sie sein sollten, so sind sie alle ein Teil Gottes. Und da die Seele eines Menschen und die Seele seines Nächsten beide auf dem gleichen Thron der Pracht geschnitzt wurden, darum ist das Gebot.

„Du sollst deinen Nächsten lieben wie dich selbst",

wörtlich zu verstehen, <u>denn der Nächste ist wie du</u>.

Wenn ich mich annehme, als genau das, was Gott durch mich gewollt hat, ist Liebe die einzige Antwort! Denn ich bin ja genauso, wie Gott mich erschaffen hat. So wollte er mich. Mit all meinen Gaben oder Fehlern, mit meinen Talenten oder mit meinem Versagen. Ich bin ein Geschöpf Gottes! So sollte ich sein!

Also, ich wiederhole mich:

Ich bin genauso, wie ich geboren wurde **richtig**! Weil ich ICH bin. Mich gibt es nur einmal. Genauso, wie es dich nur einmal gibt, und auch du solltest genau SO sein. SO und **nicht** anders!

Alles ist richtig und darf sein. Hauptsache, ich liebe meinen Nächsten so, wie mich selber. Das erschafft von sich heraus Frieden.

Das ist nicht immer einfach, oder?

Übrigens:

Liebst du deinen Bruder so wie dich? Obwohl er dir ständig deine Schulsachen durcheinandergebracht hat? Dein Spielzeug kaputt gemacht hat, weil er zu klein war, damit umzugehen? Liebst du deine Schwester, obwohl sie dich vom Thron des großen Mädchens gestoßen hat und nun das verhätschelte Nesthäkchen ist? Liebst du deinen Ex, obwohl er den Unterhalt für das gemeinsame Kind nicht zahlt?

So viele: Nein, das geht nicht! Den oder die kann ich nicht lieben wie mich selber! Überhaupt, mich kann ich ja auch nicht lieben.

Würden wir uns alle lieben, gäbe es keine Kriege und keine Not in der Welt. Dann wären wir im tiefen Frieden und die Erde wäre der tollste Planet von allen.

Also lernen wir es ab sofort: uns wirklich richtig und wahrhaftig zu lieben. Einmal muss man ja anfangen! Oder?

„Alles kann! Nichts muss", das sage ich häufiger.

Denn ich lernte, dass einfach nicht bei jedem immer alles geht. Jeder hat so seine Art, seine Zeit und seine Talente. Du kannst einem Fisch ja auch nicht sagen: „Steig auf den Baum da!" Oder schick einen Nichtschwimmer in einen Fluss. Macht einfach alles keinen Sinn.

Meine Lernerfahrung ist die, dass es am einfachsten geht, wenn ich mich komplett annehme! Wenn ich Wut, Ärger, Frust und sonstige, meist unerwünschte Gefühle akzeptiere.

Den anderen genauso anzunehmen, wie er, wie sie, ist. Das Recht sollte ja für jeden gelten, oder? Schuldgefühle, weil man anders hätte handeln können, wirken im Inneren zerstörerisch. Man trägt sie immer mit sich herum! Merkt sie oft, lässt sie aber einfach da sein – so nach dem Motto:

Ich habe verdient, dass es mir schlecht geht, weil ich XY nicht gut genug unterstützt habe, nicht genug geliebt habe oder beleidigt habe.

Es kann einem wirklich vieles einfallen, um Schuldgefühle festzuhalten. Natürlich verläuft das meistens im Unterbewussten ab. Persönlich habe ich gemerkt, dass der Weg zur Selbstliebe dadurch massiv behindert wird. Also macht es Sinn, anzuschauen, woher die

Schuldgefühle tatsächlich kommen. Kollektiv gesehen sind wir Deutschen ja Weltmeister im *„sich uns schuldig fühlen"*! Die kollektive Schuld der Deutschen, die German Angst, die deutsche Depression: All das ist uns wohlbekannt. Da führt mich der gedankliche Weg wieder zurück zu den transgenen Traumata.

IST DIE SCHULD ALSO WIRKLICH MEINE?

Bin ich eventuell ebenso ein Teil der vergessenen Generation? Der Kriegsenkel oder Urenkel, der immer noch die Schuld in den Genen trägt? Es ist absolut soweit und höchst überfällig, dieses alte Kriegstrauma zu erlösen! Viele Altvordere - unsere Vorfahren, die jetzt ihre letzte Reise antreten, haben all' die Jahrzehnte dieses Gefühl der Schuld, der Angst, der Panik und des Traumas in sich getragen und es nie wieder angesehen. Nach dem Motto: Krieg vorbei, Problem vorbei.

Ist aber nicht so. Das ist eine feine Täuschung. Die Oma oder der Opa, die im Alter plötzlich so viel davon erzählen. Wie die Flucht war oder die Zeit im Kriegsgefangenenlager oder der Neuaufbau. Ein Onkel von mir, sagte mir, als er 92 war, dass er sich darüber bewusst sei, dass seine Herzrhythmusstörungen durch die Zeit im Kriegsgefangenenlager kommen können.

Er sagte mir in einem Gespräch, dass diese Zeit von damals einfach nur stillschweigend im Inneren vergraben wurde. Aber wo? Ja, in den Zellen, in der Psyche und nicht zuletzt, oder zuerst: im Herzen! Eines Tages will so etwas erlöst werden.

Manch ein Mensch erschafft sich dazu Krankheit, Koma oder Unfall. Das ergibt dann die nötige Zeit, tief in sich Vergrabenes aufzuarbeiten. Deshalb erachte ich es als sinnvoll, mal in der eigenen *Herzensgrube* nach Schuldgefühlen zu schauen, die möglicherweise transgen übertragen wurden.

Wenn dann noch andere Schuldgefühle übrig sind, können diese möglicherweise durch unbedachte Äußerungen aus der Kindheit stammen. Kinder neigen die ersten Jahre eher dazu, alles ernst und wichtig zu nehmen, was Erwachsene sagen. Muss es doch stimmen, wenn man immer wieder einmal gesagt bekam, man sei zu ungeschickt, zu schnell, zu laut, zu dies und das…

Überhaupt: Diese ganzen Glaubenssätze, die man quasi mit der Muttermilch aufsaugt, die Erwachsene beiläufig von sich geben, sind in jede Zelle gesickert. Das kann dauern, bis man sie erkennt und wieder erlöst…

Vieles lässt man im Laufe des Lebens einfach los, ohne es großartig gemerkt zu haben. An manchen Glaubenssätzen darf man stattdessen richtig arbeiten. Kritiksucht ist so eine meiner Eigenarten, die ich mir wieder abgewöhnen darf. Sehe ich bei anderen Menschen Eigenschaften, die mich sehr stören, habe ich diese meistens selber. Das zu erkennen ist absolut hilfreich. So einen Menschen, der mich in einer ungeliebten Eigenart spiegelt, kann ich danach komplett anders wahrnehmen.

Was Robert Betz dazu sagt, lässt mich meistens lächeln: *Mein Arschengel*.! Genau, Engel sind es allemal, diese Menschen, die mich spiegeln und mir helfen, mich weiter zu entwickeln.

Vielleicht merkst du, dass ich eigentlich so vor mich hindenke, während ich über Selbstliebe und Schuldgefühle schreibe. Indem ich meine Erkenntnisse und Erfahrungen mitteile, wird vieles klarer und das ist durchaus hilfreich für andere. Die Abgeklärtheit des Alters könnte man auch Weisheit nennen.

Allerdings bin ich weit davon entfernt, weise zu sein. Ich weiß viel, aber ich weiß natürlich längst nicht alles. Da denke ich immer an das Zitat von Sokrates: „Ich weiß, dass ich nicht weiß" und bin mir absolut sicher, dass meine erlernten und erworbenen Fähigkeiten und mein Wissen jederzeit wieder als falsch enttarnt werden können. Von mir selber oder anderen, die Erfahrungen gemacht haben, die einfach schlüssiger sind. Deshalb bitte ich dich, alles was ich schreibe, mit deinem inneren Wissen zu überprüfen Ich denke da eher ziemlich abstrakt und bin mir auf einer inneren Ebene sicher, dass wir im

Grunde alle EINS sind. Kommen wir doch alle, mal ganz salopp gesagt, aus dem großen Teich und gehen dahin zurück.

Dazu füge ich hier einen Text ein, den ich 2009 geschrieben habe, während eines Aufenthaltes für ein Renten Gutachten in einer *psychiatrischen* Klinik. Grund war damals: Fibromyalgie und das chronische Erschöpfungssyndrom. Diese Krankheiten werden ja heutzutage oft noch auf die Psyche geschoben. Es wäre schön, wenn da alsbald ein Umdenken zu erkennen ist!

MEIN AUSFLUG ZU MIR SELBST

Dieser Ausflug, gerichtlich angeordnet, wegen eines Renten-Gutachtens, führte mich drei Tage in eine psychiatrische Klinik und auf die geschlossene Station. Eine Zumutung, für mich aber durch diese tiefgreifenden Erfahrungen ein Segen!

Als ich auf die Station kam, erlebte ich etwas, das die ganzen drei Tage anhielt, jedoch ist es schwierig dies Erleben zu beschreiben.

Ich versuche es einmal:

Jeder Mensch, dem ich dort begegnete, von den Patienten dort, über die Schwestern, zur Ärztin, bis zu den Ergotherapeutinnen, war mir irgendwie eigenartig bekannt! Am Anfang dachte ich noch: Mensch, woher kenne ich denn jetzt diese Frau oder diesen Mann. Dann merkte ich aber, dass es mir mit JEDEM so erging. Ich kramte in meinem Gehirn nach den Situationen, in denen mir vielleicht der eine oder andere begegnet sein könnte. Mit der Zeit aber wurde dann klar, dass ich hier das erste Mal intensiv erlebte, dass wir alle eins sind!

WIR SIND ALLE EINS...

Ich war überall im außen ….

Ich sah mich die ganze Zeit, in allen Facetten. Am ersten Tag machte mir das ein wenig Angst, weil dort auch schizophrene Menschen waren, die eine ungute Ausstrahlung hatten. Das verlor sich aber nach und nach, weil ich es nur einfach betrachten konnte. Ohne Wertung!

Nur ansehen, nur sein lassen.

Ich merkte dann, dass ich mich in allen anderen selber anschaue.

Dem Professor erzählte ich von meinem Leben auf der Erbse, diesem zart besaitet sein und den tausend ausgefahrenen Antennen für alles und jeden und wie sehr das erschöpft. Er verstand das! Auch der Professor ein anderes Ich.

Der Oberarzt war der Einzige, der nicht wie mein anderes Ich schien. Er arbeitet schon da, wo er auch hingehört, denn er ist in sich verborgen, grenzt sich massiv ab und versteckt seine Angst. Er hat Angst sich anzustecken, von der Seele Untiefe und zeigt nach außen einen strengen Doktor. Er will es nicht kennen und kennt es doch! Und so sperrt er es weg, in den anderen Ichs, die hier zum allergrößten Teil nur aufbewahrt werden.

Manche haben nur einmal am Tag einen Termin in einer Gruppe und sind vollkommen auf sich selber angewiesen, auf sich selber zurückgeworfen, obwohl sie ja genau das nicht wollen.

Dann wird dies, im Glücksfall von außen betrachtet, eingeordnet in eine Schublade, oder mit Tabletten verdrängt, damit es wieder passt! Man wieder weiter wegsehen kann und so tun, als sei alles in Ordnung.

Diese Illusion die alle leben, ist so spannend, wie kein Spielmeister auf Erden sich ein Spiel erdenken könnte. So etwas wie die menschliche Seele, wenn sie auf Erden wandelt, kann keiner erfinden. Die Facetten glitzern wie Diamanten, manche haben eben einen kleinen Riss oder sind ganz rau, andere geschliffen und in Form gebracht.

Ich sah so viele Facetten der Seele, der Persönlichkeit der Menschen, des ICH…, dass ich erstaunt war und berührt und die Angst verlor.

Es kam anstelle dessen ein Mitgefühl, ein beobachtendes Mitgefühl, das mein Herz offenließ. Ich konnte die Menschen im außen als Teil von mir stehen lassen. Da waren Menschen, die - in sich vollkommen verschlossen - an mir vorbeiliefen. Ich grüßte sie trotzdem. Am ersten Tag bekam ich keine Reaktion. Auf einmal grüßten sie zurück und am dritten Tag sagten sie von sich aus Hallo.

Da war die eine Frau, sie lief immer herum mit Plastikbeutel, ständig rein oder raus und vor sich hin brabbelnd, mit jemand redend. Sie sprach extrem langsam und gedehnt. Sie nahm ab und an mit mir Kontakt auf. Mal sollte ich sie nicht ansprechen, mal sagte sie, sie habe keine Freunde, keine Freude und nichts und niemand würde gut zu ihr sein…und Schwupps, schon war sie wieder in ihrer Welt.

Sie hat mir anfangs Angst gemacht. Sie wirkte so aggressiv teilweise, ich wusste nicht, was von ihr auf mich zukommen könnte. Sie hat zum Beispiel ihre Zimmernachbarin, nachts um zwei aus dem Bett gescheucht…nur um sich zwei Minuten später zu entschuldigen.

Ich war so dankbar für meine Nächte. In der ersten Nacht lag eine schwangere Frau bei mir, die Angstattacken hatte und vermutlich auch Depressionen. Weshalb sie voll in sich versunken herumlief, erklärte sich mir dann in einem Gespräch mit ihr.

Sie fragte mich, wie ich damit umgehe, dass hier so viel leidende Menschen seien und ob ich nicht jedem helfen wolle. Ich meinte:

„Ich leide nicht mit ihnen, sehe alles in tiefem Mitgefühl an und würde auf meine Art vielleicht helfen, indem ich Liebe aussende"!

Das schien ihr eine ganz neue Möglichkeit zu sein und sie wollte das überdenken. Sie weinte, als ich sie fragte, ob sie denn das Leid aller Menschen aufnehmen wolle und nickte.

Da sprach ich ein wenig von der Eigenverantwortung und dem Wirken durch würdevolles Mitgefühl. Ich weiß nicht zu sagen, was und ob sie davon etwas nehmen konnte, für ihr Leben. Heute würde ich ihr noch den Satz schenken:

Loslassen, bedeutet: dem ANDEREN sein LOS lassen...

Sie hat es wenigstens gehört, was ich ihr damals sagen durfte.

Auf alle Fälle zog sie tags drauf aus und erstaunlicherweise hatte ich das Zimmer nun alleine und das, obwohl auf dem Gang eine Frau mit einem Baby lag. Dieses Geschenk, einen Rückzugsort zu haben, nahm ich dankbar an. Die äußeren Einflüsse waren so heftig, dass ich ihn dringend brauchte! Ich sah jedem Menschen, der mir begegnete in die Augen und durfte bei manchem einen Blick ins Herz wagen. Es wurde sogar erwidert und diese tiefen Begegnungen waren wunderbar. Denn ich hatte echt das Gefühl, ich begegne immer wieder mir, in anderer Form.

Dieses Erkennen, das wir alle eins sind und es dann so zu erleben, ist sehr aufregend gewesen. Das Gefühl, wirklich alle gut, sehr gut sogar zu kennen, hat mich sehr erstaunt und sehr berührt.

Ich stand da, quasi in meinem Herzen und sah mir zu.

Ich sah, dass mein anderes Ich, überfordert von der Welt und von den fünf Kindern, einen Rückzug brauchte. Ich sah, dass mein anderes Ich, ebenso Freund eines Hundes, freiwillig zu einer Alkoholentziehungskur ging, nur für seinen Hund. Ich sah, dass dieses andere Ich ein weicher, gefühlvoller guter Freund sein kann.

Dann war ich in Form der Schwester, die meine warme Herzensliebe mit der ihren verband und sich erkannt fühlte, durch meinen Spiegel. Oder die Ärztin, die die tiefe Menschenliebe, die ich in mir trage, spiegelte.

Es ging vorbei an mir, ein Mann, der permanent zusammengekniffenen Augen hatte und versuchte sehr böse zu gucken, der aber so ein weicher, wunderbarer, doch äußerst verletzter Mensch ist. Der auf eine Frage von mir, sein Gesicht in Sekunden glättete, mir ganz klar antwortete und sofort wieder bös und grimmig schaute. Wenn er jemanden überhaupt direkt ansah. Es war sein Schutz. Ich wusste, er verhält sich so, um sich selber zu schützen.

Ein anderes Ich, ein Mann circa Mitte Vierzig, der wirkte wie ein Grobian, der mich aber, als ich bei Manu stand und mit ihm über seinen

Hund sprach, so warmherzig und direkt aus der liebevollen Tiefe seiner Seele anlächelte, dass ich, genauso zurücklächelnd, sah: Es ist alles da! Es ist in ihnen/in mir alles da: Das Grobe, das Harte, dass Zarte, die Angst, die Wut, die Verletztheiten, das Schöne und weniger Schöne. Die Untiefen der Seele, die bei vielen in den Kindertagen so verletzt wurde. Die alte Dame, von einundachtzig Jahren, zu der ich mich gesetzt hatte, breitete vor mir ihren Kummer aus. Sie wüsste, sie suchte in sich nach Worten, dass sie einmal verschwunden gewesen sei…

Da ich ihr ruhig und Fragen stellend zuhörte, konnten wir zusammen etwas an ihrem Lebensfaden verfolgen: Sie sei mit zwei oder drei Jahren verschwunden gewesen. Sie wisse nicht, wie lange und wo sie gewesen sei. Sie suchte nach den Gründen und ob sie nur in sich selber verschwunden gewesen war oder tatsächlich, das konnte sie eben nicht aufdröseln.

 Dann meinte sie zu mir, ich sei der erste Mensch, dem sie das erzählen kann, bei dem sie so nachspüren und denken kann. Die Schwester, die ich so besonders mag, war mir dankbar, für diese Zeit, die ich der Frau schenkte und sagte dann: „Frau Arndt, jetzt haben Sie schon lange nicht mehr geschrien!" Denn sie hatte Osteoporose und wohl schlimme Schmerzen, wenn sie sich bewegte. Sie war mein anderes Ich! Ich hatte dort eine Begegnung mit einer Eva, die meiner verstorbenen Freundin Eva so ähnlich war.

Dieser Text ist von meiner Eva und passte zu alledem.

Man soll sagen, was ist.

Man muss es sagen

und das Zuhören wagen.

Soll was ist, erkennen, benennen.

Nicht verschweigen, nicht verdrängen.

Sprachlos wird, was ist,

und wird doch weiterleben,

es wird treten, boxen, töten.

Folgen hat, was da ist, immer.

Sprachlos werden sie nur schlimmer.

Was mich in diesen drei Tagen am meisten beeindruckt hat, war das erste Erleben mit diesem: ich bin du…

ICH BIN DU …

Die Seele, die in sich Fluchträume suchte und fand,

das ist es, was uns verband.

Nach innen verschoben, alle Kummerwogen,

spannt die Seele einen weiten Bogen.

Nicht jedem zeigt sie ihre ganze Fülle,

sondern oft nur die äußere Hülle.

Viele Räume im uns, verborgen durch eine Türe,

die über die Augen ins Innere führe.

Ein kleiner Spalt in dieser Türe, gab den Blick mir frei,

mein Herz sah hinein und ich war dabei.

Mein anderes ich durfte ich erkennen

und beim Namen nennen.

2009 © Leela Vogl

Daher erlebe ich im Kontakt mit anderen Menschen eher das Verbindende, als das Trennende. Die Verbindung mit den Menschen geht über ein Lächeln, Freundlichkeit und Humor am Einfachsten.

HO'OPONOPONO

Im Ho'oponopono ist es der Grundgedanke:

Wir sind alle verbunden! Wir sind alle Eins.

Dieses scheinbar unaussprechliche Wort Ho-o-pono-pono kommt aus dem Hawaiianischen und wurde seit langer Zeit als Vergebungsritual angewendet. Was bedeutet Ho'o ponopono? Die erste Wortsilbe Ho'o bedeutet: Etwas tun.

Pono bedeutet: Ausgleichen, etwas in Harmonie bringen, etwas korrigieren. Da die Silben hier durch das *pono-pono* verdoppelt sind, wird verdeutlicht, dass die Vorgehensweise des Ho'oponopono intensiver ist. Vergebung bedeutet Frieden. Frieden in sich selber und im anderen. Verletzungen, Enttäuschungen, alte Wunden und Unfrieden werden durch das ausgesprochene Ho'oponopono in Frieden gewandelt. Diese schmerzenden Gefühle von Verbitterung, Groll oder hasserfüllten Gedanken, können durch die tägliche Anwendung des Ho'oponopono umgewandelt werden in tiefen Frieden.

Der Sinn, der hinter dieser alten hawaiianischen Vergebungsmethode steht, ist die Erkenntnis, dass wir im Grunde alle EINS sind. So, wie ich es im vorherigen Kapitel selber erkannte und beschrieb.

Ein hawaiianischer Arzt namens Dr. Len Ihaleakala erlernte bei Morrnah Simeona diese Methode. Wie das oft so ist, begann er seine eigene Form daraus zu entwickeln. Er gründete eine eigene Organisation, lehrte das Ho'oponopono und diese wurde weltweit bekannt. Dr. Len, wie man ihn nennt, arbeitete lange Jahre in einer forensischen Klinik des Hawaii State Hospitals in Kaneohe als Psychologe. Die Arbeitsatmosphäre auf seiner Station wurde als äußerst entsetzlich bezeichnet, als ein schrecklicher Ort, an dem niemand lange arbeiten konnte. Der Krankenstand dieser Abteilung lag bei ungefähr siebzig Prozent.

Die Patienten waren kriminelle Psychopaten und die Angestellten hatten einfach nur Angst, dort zu arbeiten.

Dr. Len traf die Patienten nicht von Angesicht zu Angesicht. Er saß einfach nur in seinem Büro und sah sich von jedem einzelnen Patienten die Krankenakte genau an. Er sah alle beschriebenen Erscheinungen jedes einzelnen Patienten als seine eigenen Eigenschaften an und übernahm die Verantwortung dafür, dass dieser Zustand in seinem eigenen Bewusstsein war und nur dort geheilt werden konnte.

Das war Ho'oponopono!

Nach einigen Monaten konnten bislang gefesselte Patienten frei herumlaufen. Die Medikation bei Patienten, die schwere Medikamente einnehmen mussten, konnte beendet werden. Auch Patienten, die keine Aussicht hatten, jemals wieder frei zu kommen, konnten entlassen werden. Die Angestellten gingen wieder gerne zur Arbeit und es wurden neue Mitarbeiter eingestellt. Allerdings wurde die Abteilung mangels Patienten bald darauf geschlossen. So wird es über die Heilung durch Dr. Len und die Ho'oponopono Methode berichtet.

Dr. Len übernahm also die Verantwortung eines jeden Patienten und sah sie als seine Handlungsweise an. Mit vier Sätzen heilte er diese. Sie wurden wie ein Mantra gesprochen. Es gibt auch eine Langversion von Morrnah Simeona, die er gelernt hatte. Damit heilte er den Teil in sich, der die Handlungsweisen erschaffen hatte. Dr. Len lehrt heutzutage selber kein Ho'oponopono mehr. Er hat viele Menschen ausgebildet in seinem Institut. Diese lehren die hawaiianische Methode weltweit.

Die vier Sätze
Es tut mir leid
Bitte verzeih mir
Danke
Ich liebe Dich

Um diese vier Sätze besser zu verstehen und die innere Haltung nachvollziehen zu können, habe ich mir das Anfangs innerlich ergänzt.

Es gibt natürlich viele verschiedene Ansätze und wenn dich das Ho'oponopono interessiert, schau dich doch einfach einmal im Internet um. Du wirst viele Möglichkeiten und viel Inspiration finden. Auch bei YouTube gibt es ein wunderschönes Lied dazu von Aman Ryuseke Seto. Auf dem Film ist ein Kleeblatt zu sehen, daran erkennst du das Lied, das ich meine.

Um ein Beispiel zu geben für die Anwendung dieses schönen Mantras, erzähle ich dir eine kleine Geschichte aus meinem Leben.

Es gab da einen Menschen, auf den ich zeitweise wirklich sehr ärgerlich war. Kein gedankliches Vergeben half mir. Keine Erklärung, die ich mir selber dafür gab, wieso alles so war, wie es war. Da erfuhr ich vom Ho'oponopono und wollte es an diesem Beispiel testen. Ich sprach also diese vier Sätze.

Nichts in mir wollte dies. Aber ich sprach sie. An einigen Tagen hintereinander sprach ich die Sätze im Bezug auf diese Person. Es tat sich in mir jedoch einfach nichts. So ergänzte ich die Sätze, damit ich sie besser akzeptieren konnte. Wie sollte ich zu jemandem:

Ich liebe dich sagen, wenn ich das nicht tat.

Ich sagte ergänzend:

Liebe/r XY, es tut mir leid, dass du diesen Anteil von mir lebst

Bitte verzeih mir, dass ich es nicht selber lebe

Ich danke dir für deine Bereitschaft, dies auszuleben, statt meiner

Ich kann dich dafür eines Tages lieben

Dann fügte ich folgende Sätze hinzu:

Der Frieden in mir, ist der Frieden in dir

Der Frieden in dir, ist der Frieden in mir.

Friede sei mit dir!

Bald danach konnte ich das alles endlich fühlen und der Frieden entstand. Mein Gefühl zu der betreffenden Person änderte sich. Unser Verhältnis änderte sich. Wir kamen tatsächlich wieder in Harmonie miteinander und in einen Frieden!

Als ich nur die vier Sätze sprach, kam kein Gefühl im Herzen an. Nachdem ich die Ergänzung dazu nahm und die Sätze bezüglich Frieden, konnte ich nach einigen Tagen das Gesagte endlich fühlen. Ich mag diese hawaiianische Methode Ho'oponopono. Ein Versuch ist es immer wert, wenn man einmal seine Herausforderung mit einem anderen Menschen hat oder mit Vergebung.

DEINE GEDANKEN ERZEUGEN DIE MATERIE

Wie wir schon im Kapitel über Ho'oponopono gesehen haben, erschaffen Gedanken Realität. Du erschaffst mit deinen Gedanken das, was dir im Leben begegnet. Schwer zu verstehen, aber so ist es. Wenn du dem, was dein Kopf denkt, glaubst, dann kannst du dabei zusehen, wie sich im außen alles erschafft. Du bist der Erschaffer deiner meisten äußeren Umstände. Ein Beispiel hierzu:

Du musst eine längere Autofahrt unternehmen, die dir Angst macht. Deine Angst erzeugt so viel innerliche Spannung, dass die Autofahrt mächtig anstrengend wird. Am Ende wirst du sicherlich denken: Ich habe es ja gewusst, es wird schrecklich werden! Wenn ich dir jetzt sage, dass du selber dafür gesorgt hast, dass die Autofahrt anstrengend wird, wirst du möglicherweise ablehnend reagieren. Doch genauso ist es. Du denkst: Anstrengend. Es wird anstrengend. Mit positiven Gedanken wäre es folgendermaßen:

Du denkst: Wundervoll, ich freue mich, dass ich Auto fahren kann. Das heißt nämlich im Klartext, dass du (im besten Fall), einen Führerschein hast, außerdem ein Auto und von A nach B kommst.

Du freust dich auf die Fahrt, vielleicht ist noch ein anderer Mensch dabei. Ihr unterhaltet euch gut, die Fahrt geht leicht und schnell. Das hast du genauso erschaffen. Falls du in einem Stau stehst, ärgere dich nicht. Es kann gut sein, dass dieser Stau dich vor einem Unfall bewahrt! Wir sind immer genau da, wo wir sein sollen.

Wie immer du auf etwas schaust, schaut es zurück. Lächle dich einmal im Spiegel an, der Mensch im Spiegel lächelt zurück, oder? Schau dich grimmig im Spiegel an, er schaut grimmig zurück. Genauso ist es mit Traurigkeit. Natürlich ist es nur ein Spiegel.

Aber du kannst das übertragen auf das wirkliche Leben! Deine innere Haltung entscheidet, was dir in der Welt entgegenkommt!

Wenn du stets negative Gedanken erzeugst, erschaffst du negative Energien, die dein Leben dann begleiten. Siehst du dein Leben heiter, leicht und fröhlich, tritt es dir ebenso entgegen. Dieses ist die eine Seite. Wie du denkst, so spiegelt es sich zurück. Unzählige Beispiele ließen sich hier aufführen, ich schreibe das Wunderschönste nieder. Obwohl, das mit Jo und mir ist auch wunderschön. Gut, dann beginne ich damit.

Es lebte einmal vor vielen Jahren, eine Frau in einer gemütlichen Wohnung mit sich und der Welt sehr zufrieden. Sie hatte eine interessante Arbeit und lernte trotz Vollzeitjob im Schichtdienst, fleißig für ihre

Heilpraktiker-Ausbildung. Im zeitigen Frühling bemerkte sie, dass sie gerne einen Mann an ihrer Seite gehabt hätte und sagte zu Gott:

„Ich wünsche mir einen Mann, der mich liebt wie ich bin, mich versteht und den ich lieben kann, wie er ist!" Naja, dir ist es sicher schon klar! Ich war/bin diese Frau. Mehr kam damals nicht zustande bei dieser Fürbitte. Wie ich so bin, sprach ich diesen Satz zwar eindringlich, doch schnoddrig daher. Aus meinem Herzen. Aus dem Crowley Tarot zog ich nach meiner Bitte die Karte der Liebenden und hatte eine für mich perfekte Antwort. Ich dachte über meinen Wunsch nicht mehr nach. Zu dieser Zeit, es war 1993, hatte ich bereits gelernt, dass die Gedanken die Materie erschaffen.

Kurze Zeit später lief mir Jo am Flughafen, wo wir beide beschäftigt waren, über den Weg. Er ging in der Tätigkeit als Rettungsassistent wieder zu seinem Einsatzwagen und ich in einen Bereich, den man am Flughafen Sammelstelle nennt. Wir grüßten uns, lächelten uns an, kannten uns bisher nicht.Als er an mir vorbeigegangen war, hörte ich in meinem Kopf den Satz: „**Das ist mein Mann**!"

Ich drehte mich aber nicht einmal nach ihm um. Nur dieser Satz war da. Monatelang sah ich ihn nicht wieder. Ich suchte nicht, ich wartete nicht. Ich wusste: Gott wird mir meinen Mann schon deutlich zeigen.

Nach einem halben Jahr stellte ein befreundeter Kollege aus dem Rettungsassistententeam mir genau diesen Mann vor: Jo!

Dieser würde, so wie ich, eine Heilpraktiker Ausbildung anstreben und wir könnten uns doch sicher austauschen. *Da stand er dann*! Dieser Blondschopf, der ein halbes Jahr zuvor in meinem Kopf den Satz entstehen ließ: *Das ist mein Mann!* Aufgrund einiger Termine, ergab sich ein Treffen zu zweit erst einen weiteren Monat später. Eine Woche nach seinem ersten Besuch bei mir Zuhause, am 9. November 1993, fuhren wir nach Mainz, um die Oper Idomeneo von Mozart zu genießen. Dort machte Jo mir einen Heiratsantrag. Obwohl ich nie wieder hatte heiraten wollen, sagte ich ja. Deutlich und gerne! Gerade zwei Monate später dann die Hochzeit, in einem kleinen Schloss in Frankfurt Hoechst. Am 7. Januar 1994. Ich hatte mir genau den Mann erschaffen, der zu mir passt, wie der sprichwörtliche Deckel auf den Topf.

Das Nächste, was wir uns vom Gedanken in die Materie holten, war ein neues Zuhause. Zunächst sah es allerdings nicht gerade danach aus. Doch ich hatte ebenso gelernt, meinen Engeln gut zuzuhören und ihnen zu vertrauen. Wir kamen in den Hunsrück. Ein Umweg von fünf Jahren, in ein sehr kleines Haus, in enger Dorfbebauung, führte uns dann, wie bestellt in mein freistehendes Traumhaus. Hier wollte ich niemals jemals wieder weg.

Das sah der Vermieter im Jahr 2011 allerdings anders und stellte uns die Kündigung wegen Eigenbedarf in Aussicht. Die einjährigen Kaufverhandlungen waren nicht nur im Sande verlaufen, sondern in

Hoffnungslosigkeit gestrandet. Ich sollte aus meinem Paradies ausziehen? Undenkbar! Wütend sprach ich meinen starken, nächsten Wunsch aus! Damit erschuf ich in Windeseile eine neue Materie, die mich schier sprachlos zurückließ. Ich sagte sehr ärgerlich und verzweifelt und sehr laut:„Wenn du, GOTT, willst, dass wir hier aus unserem Paradies ausziehen sollen, dann bitte ich aber um etwas Besseres!" Ja, so bin ich gelegentlich auch.Keine zwei Wochen später schaute ich mir das Haus an, in das wir zwei Monate später einzogen! Alles wurde so unglaublich geführt, dass wir dieses fantastische Grundstück mit Blick auf den Soonwald schon zwei Monate später unser Eigen nennen durften.

ACHTE AUF DEINE GEDANKEN, SIE KÖNNTEN WAHR WERDEN!

Ich empfinde es als sehr wichtig, die Gedanken, ob positiv oder negativ stets zu kontrollieren. Denn wir erschaffen nicht nur schöne Dinge in Nullkommanichts! Das geht anders herum genauso. Du erzeugst negatives ebenso schnell. Volle Autobahn, Stau, an der Supermarktkasse lange Schlangen – dies sind nur die Kleinigkeiten. Im Großen wie im Kleinen bist du der Erschaffer der Umstände deines

Lebens. Deine innere Haltung spielt dabei übrigens eine entscheidende Rolle. Dazu später noch mehr. Wie das mit der geistigen Führung so ist. Zwei Jahre bevor ich Jo kennen lernte, hatte ich mich bei einer Gynäkologin beworben. Sie wollte mich sofort als Arzthelferin einstellen, hatte aber keinen Arbeitsvertrag mehr da. Es wäre eine sehr interessante Tätigkeit gewesen. Dreißig Stunden bei voller Bezahlung, ein vermutlich angenehmes Arbeitsumfeld. Auf dem Weg zurück zur Praxis, mit einem blanko Arbeitsvertrag, bemerkte ich ein ungutes Gefühl in mir. Alles stand auf Abwehr. Ich sagte der Ärztin ab. Zwei Jahre später wusste ich dann wieso: Ich sollte Jo treffen!

ENGEL, GIBT'S SIE DENN ÜBERHAUPT?

In meiner Familie gab es keinen sonntäglichen Kirchgang. Man war eher atheistisch, denn praktizierend evangelisch. So konnte ich frei von jeglichen Dogmen meinen eigenen Weg zu einem Glauben finden.

Jenseits der Kirchen fand ich den Zugang zu Jesus, Gott und den Engeln. Es gab etliche Beispiele, die mir aufzeigten, dass meine Fürbitten um Hilfe oder ein Segen, fruchtbar waren.

Eines schönen Tages begann ich mich den Engeln zuzuwenden. Ich wollte mehr darüber wissen und fand heraus, dass die allerallerleisesten Stimmen in mir, nicht von meinem Kopf oder von meinen Gedanken kamen. Sie waren so deutlich in dieser Stille. Ich jedenfalls, konnte sie nicht überhören. Das meine Medialität dabei eine Rolle spielte, merkte ich erst als die Quanten Methode mir das Geländer zu dieser medialen Brücke gab. Nun konnte ich dort entlang gehen und verstehen, was ich sah.

Die Engel sind immer um uns. Das weiß jeder, der schon Unfälle hatte, die wie durch Wunder überlebt wurden. Situationen, in denen man sich einfach extrem beschützt fühlte. Man kann wieder lernen, den Engeln zuzuhören. Es dauert vielleicht ein kleines Weilchen, doch es lohnt sich, dabei zu bleiben und den Kontakt zu ihnen wieder herzustellen.

Ich schreibe bewusst wieder herzustellen! Als Kinder nämlich hatten wir überhaupt keine Scheu mit unseren unsichtbaren Freunden zu sprechen. Mama oder Papa dachten meistens, wir reden mit unseren Kuscheltieren. Wie oft allerdings sprachen wir mit den Engeln. Manchmal wohl ebenso mit Elfen oder Feen.

Egal, ob du das kennst oder nicht - Egal, ob du bisher an Engel geglaubt hast oder nicht – Es gibt sie!

Und da es sie gibt, dann kannst du mit ihnen sprechen.

Im Literaturanhang habe ich einige Bücher zu diesem Thema aufgelistet. Vielleicht bist du inspiriert und magst dich näher damit beschäftigen. Mein erstes Buch in dieser Richtung war von Sabrina Fox: *Wie Engel uns lieben.* Ich erlebte Sabrina live in Hanau an einem von ihr veranstalteten Engelabend. Danach nahm ich an Engel-Abenden bei Bärbel Lutz † teil. Wir meditierten mit Engeln um diese näher kennen zu lernen. Ich war zuvor sehr skeptisch diesbezüglich, wurde aber eines Besseren belehrt. Es funktionierte tatsächlich!

Davor hatte ich schon die wundervollsten Erlebnisse durch die Engel und Jesus. Mein tiefer Glaube entstand in Notsituationen und meinem Ruf nach Hilfe durch sie. Im Sekundenbruchteil war die Hilfe da. Vor allem für meine Tochter. Seither ist dieser Glaube für mich greifbare Realität geworden. Deshalb muss ich zwangsläufig immer schmunzeln, wenn Menschen mir sagen, sie seien Realisten und würden an nichts glauben, schon gar nicht an Engel.

Als wir im Jahr 2000 aus dem Rhein-Main Gebiet wegziehen wollten, brachte Jo eines Tages ein Verbandsblättchen mit. Eine kleine Zeitung der Stromberger Gemeinde, in der auch Anzeigen zu finden waren. Diese hatte ein Kollege ihm mitgebracht, der in Stromberg wohnte. Wir fanden eine Anzeige für ein kleines Häuschen, dieses zur Miete. Neun Quadratmeter mehr, als unsere Wohnung hatte, aber nur zweieinhalb

Zimmer. Ich blähte die Backen auf und fing an zu meckern. Plötzlich vernahm ich die für solche Verhältnisse doch sehr laute Stimme meines Engels. Sie war mir schon vertraut zu dieser Zeit: „**Ruf an!**" Widerwillig tat ich wie geheißen. Frohlockend nahm ich die Antwort des Vermieters entgegen: „Das Häuschen ist schon vermietet!" Mein Engel drängte unmissverständlich: „**Frag, ob ihr das Haus auch kaufen könntet!**" Ich tat wieder wie geheißen. Die Antwort ließ mich verblüfft zurück. „Ja, durchaus, aber dann müssten wir heute noch kommen, da morgen der Mietvertrag unterschrieben werden soll!" Jo hatte schon lachend seine Schuhe an und wir fuhren die hundert Kilometer Richtung Stromberg. Es war April und die Natur zeigte ihr schönstes Gesicht. Als wir die Serpentinen nach Seibersbach hochfuhren, sahen wir noch vor dem Ort ein kleines Gehöft. Jo sagte, dass dort sein Surflehrer und Hausarzt herkäme. Wir bogen ab und schauten uns das Haus an. Das Haus, welches wir fünf Jahre später bewohnen würden.

Ich sagte zu Jo, dass ich lieber in das Haus seines Surflehrers ziehen würde und es ab sofort mein Traumhaus sei. Dann fuhren wir weiter in das Dorf, um uns das kleine zweieinhalb Zimmer Haus anzusehen.

Als wir vor dem angebotenen Haus ankamen, bekam ich einen anhaltenden Lachanfall. Fünfmeterfünzig breit, so das Haus und auch der Platz davor.

Das Haus selber war innen dann allerdings elf Meter lang und es gab zwei kleine Gartenbereiche. Im Dachgeschoß kamen wir auf einen himmlisch schönen Dachbalkon mit einer fantastischen Aussicht. Dennoch stand für mich sofort fest: Hier könnte ich niemals wohnen!

Das Schicksal meinte es anders. Genaugenommen, so denke ich heute, hatten die Engel einfach den Überblick. Das verlangte von mir mehr Geduld, als ich zeitweise aufzubringen gewillt war. Jo verliebte sich sofort in dieses kleine Haus und da er täglich zur Arbeit fuhr und nicht ich, bestand er darauf, einzuziehen. So kauften wir tatsächlich dieses Häuschen! Die Engel hatten mir mein Traumhaus ja bereits gezeigt. Nach fünf Jahren zogen wir dort ein. Dass die Gedanken Materie erschaffen, kann gelegentlich etwas dauern. Da oben haben sie kein Zeitgefühl. Dass dieses vermeintliche Traumhaus nur eine vorrübergehende Station war, hatte mir niemand mitgeteilt. Manchmal sind Engel schweigsam. Gelegentlich beschleicht mich der Gedanke, dass sie schweigsam sind, damit wir nicht dazwischenfunken.

Nun gab es also das nächste Wunder! Wie oft sind wir am Rande des Soonwaldes, mit Blick auf unser neues Haus, spazieren gegangen mit unserem Hund Nelson.

Nie fiel uns dieses feine Haus inmitten der Bäume auf. Dieses Naturparadies hatten wir nie entdeckt. Deshalb wollte ich, trotz des für uns unerschwinglichen Kaufpreises, einfach nur wissen, wo denn hier oben ein Haus sein soll, das sich mit: Fast grenzenlose Freiheit beschreiben lässt?!

Als ich dann den Makler traf und wir den Eingang zum Haus beschritten, fiel mir nichts ein, außer: <u>Genau das ist unser Zuhause.</u>

Die Verhandlungen waren wohl durch die Engel geführt! Anders kann ich es nicht erklären, dass wir schon vor dem Makler Termin den Schlüssel bekamen und innerhalb von vier Wochen mit einigen Umbaumaßnahmen beginnen konnten. Der Kaufpreis war sensationell nach unten votiert worden und somit der Kauf möglich. Ein Traum wurde wahr. Ein Traum, den ich zwei Wochen zuvor noch nicht einmal zu träumen gewagt hätte. Vorher sahen wir uns verschiedene Häuser an. Von Bingen am Rhein, bis nach Erbach bei Rheinböllen. Angebote gab es genug.

Doch schnell wurde uns klar, dass wir hier oben am Soonwald bleiben wollten. So erschufen wir dann die Materie und zogen sie in unser Leben.

Die klaren Entscheidungen, ob im Zorn ausgespuckt oder voller Hingabe und Liebe getroffen, sie ziehen die Materie an. Ich habe gelernt, das Gutes wie nicht so Gutes, durch die eigene Entscheidung angezogen wird. Da gibt es einen Satz, der mir schon oft eingefallen ist:

Pass gut auf, was du dir wünschst, es könnte in Erfüllung gehen!

BIN ICH ES MIR WERT?

Diese Frage habe ich mir mittlerweile schon oft gestellt.

Bin ich es mir wert, dass es mir gut gehen darf? Kommt nicht von irgendwoher der Hammer, der mir auf den Kopf fällt?

Im Fall des ersten Traumhauses, außerhalb von Seibersbach, hatten wir relativ schnell nach dem Einzug Wasser im Keller. Leider kein frisches Wasser, sondern aus der Abwassergrube. Es lief in den Waschkeller und stank fürchterlich. Wie ich so bin, überlegte ich, warum uns das passiert. Das Einzige, was mir dazu einfiel, war, dass ich das wundervolle Haus nicht annehmen konnte. Ich glaubte nicht, so toll wohnen zu dürfen. Gedanken wie diese zogen durch meinen Kopf:

War doch klar. Es wäre ja auch zu schön, wenn alles reibungslos verläuft. War doch logisch, dass ICH Probleme anziehe. Wieso soll es auch einfach mal so klappen, hat doch noch nie einfach so hingehauen. (was nicht einmal stimmte)

Da stand ich dann in dem herrlichen Garten unter dem großen Kirschbaum und merkte, dass ich das Gefühl hatte, es überhaupt nicht wert zu sein, so wohnen zu dürfen! Mir kamen die Tränen. So wertlos fühlte ich mich?

Dieselben Herausforderungen erlebte ich in unserem jetzigen Haus. Tatsächlich <u>wieder</u> Wasser im Keller. Diesmal kein Abwasser. Wir haben hier keine Abwassergrube, die wir alle zwei Monate entleeren müssen, sondern zum Glück eine ganz normale Abwasseranlage. Es war dieses Mal Frischwasser, das im Keller stand. Da die vorherigen Hausbesitzer aus der Baubranche kamen, stellte es kein Problem dar, alles in Ordnung zu bringen. Wir bekamen eine neue Wasserleitung. Auf Verkäuferkosten. Andere Schrecken tauchten vorerst nicht auf.

Einige Zeit später allerdings dachte ich, dass wir im Keller an einer anderen Wand Schimmel hätten. Das erwies sich zum Glück als falsche Annahme. Immer wieder wurde ich konfrontiert mit meinem eigenen Wert. Konnte ich dies Haus annehmen, war ich es mir wert. Wieviel war ich überhaupt wert und so weiter.

Nach einer kleinen Ewigkeit fand ich es eher sehr spannend und interessant, was so alles auftauchte, aus den Tiefen meiner Psyche. Denn die Psyche wird geprägt durch vielerlei Einflüsse.

Selbstwert ist ein Thema, mit dem viele Menschen zu kämpfen haben. Bei mir kam etliches aus der Kindheit und vermutlich durch andere Leben. So gab es immer wieder vieles zu transformieren, zu erkennen und zu erlösen. Dabei half mir die Quanten Methode, die ich für mich umbenannte:

Es war wie erwähnt Einstein, der gesagt haben soll:

Deine Gedanken erzeugen die Materie.

Physiker, wie Niels Bohr oder Hans Peter E. Dürr haben viel über die Erschaffung der Materie publiziert. Sie haben sich vor langer Zeit schon mit der Quantenphysik beschäftigt. In der neueren Zeit gibt es eine etwas erweiterte Betrachtungsweise der Quantenphysik.

Ein Quantensprung ist ja eigentlich etwas Gewaltiges, etwas sehr Großes. Die Quantenphysik aber, über die ich hier schreibe, betrifft eher kaum wahrnehmbare Schritte. Doch sie verändern möglicherweise kolossal dein Leben und sind dann genaugenommen doch ein gewaltiges Ereignis, ein Quantensprung. Im Jahr 2010 hatte ich die Möglichkeit an vier Seminaren mit dem Thema *Quanten Bewusstseins Transformation* teilzunehmen. Auch dieses ist eine alte Hawaiianische Heilmethode. Man kennt sie als 2 Punkt Methode. Wie sich durch Dr. Len beim Ho'oponopono die Methode wandelte, gab es eine Weiterentwicklung auch bei mir.

Ich machte mir die Quanten Bewusstseins Transformations-Methode zu Eigen und habe sie **Himmel und Erde verbinden** genannt.

Hierbei gehe ich davon aus, wie in den letzten Kapiteln erklärt, dass wir alle eins und verbunden sind mit dem Universum. Zeit existiert nur in unserer Vorstellung. Es ist extrem abstrakt, sich vorzustellen, dass alle Zeitlinien genau jetzt da sind. Alle!

Vergangenheit, Gegenwart und möglicherweise sogar die Zukunft. Alles ist hier, in ebendiesem Moment. Ich kann mir das nicht wirklich vorstellen, das ist einfach zu abstrakt. Jedoch kann ich es für möglich halten.

Wenn ich es also für möglich erachte, kann ich im hier und jetzt etwas korrigieren, was im Mittelalter geschah. Wann dieses andere JETZT in unserer Zeitrechnung tatsächlich gewesen ist, ist dabei vollkommen egal. Der Fokus liegt auf der Transformation! Man verbindet beide Zeitlinien miteinander.

In Frankfurt während des Seminars führte Andrew Blake die Methode an einigen Teilnehmern vor. An mir auch. Es ging es um das Mittelalter. Andrew hatte in unserer Runde gefragt, ob jemand dabei sei, der glaubt, einst als Heiler/in oder Kräuterfrau tätig gewesen zu sein. Ich meldete mich sofort. Man kann über Wiedergeburt denken, wie man möchte. Ich glaube daran! Es gibt einfach schon zu viele Hinweise darauf.

Die Erinnerung ist in irgendeiner klitzekleinen Zelle vorhanden. Dieses Leben als Kräuterfrau oder Heilerin behinderte mich offenbar damals noch. Wenn ich anerkenne, dass Zeit nicht existiert, macht das natürlich Sinn. Als Hexe beschimpft, auf dem Scheiterhaufen verbrannt, gibt es diffuse Zell-Erinnerungen. Eine davon war: *Niemals mehr werde ich heilen oder Kräuter sammeln.*

Trotz der vielen Seminare, an denen ich bis ins Jahr 2010 teilgenommen hatte, bestand die innere Weigerung, damit tätig zu sein. Nun stand ich also vor den mindestens hundert anderen Teilnehmern, während Andrew die 2 Punkt Methode vorführte. Ausgehend von dem mittelalterlichen Geschehen und meinem Schwur auf dem Scheiterhaufen stehend, niemals mehr heilen zu wollen, lösten wir im hier und jetzt diesen auf. Mit einem Satz!

„Alles, was zwischen mir und meiner inneren Freiheit steht (- alles tun zu können, was ich vor mir verantworten kann -) ist jetzt bereits gelöst, geheilt und transformiert!"

Auf dem Podium stehend, fiel ich beinahe um. Diese Transformation erzeugt eine unglaubliche Schwingung und Energie. Sofort nach dem ersten von vier Seminaren erlebte ich eine tiefgreifende Öffnung in mir. Das führte dazu, dass ich an Freundinnen diese Transformationsarbeit testete. Mit wundervollen Ergebnissen. Ich arbeitete einige Jahre mit der *Himmel und Erde verbinden*-Methode. Meine Medialität hatte durch das Quanten, wie ich es in Kurzform nannte, ein Geländer und eine Art Brücke bekommen. Sobald ich mich geistig in das *Seelenfeld* des Klienten begab, sah ich innerlich die passenden Bilder zu dem Thema. Transformation ist so einfach.

Der Grundgedanke ist, dass alles zeitgleich stattfindet! Deshalb können lange zurückliegende Auslöser des betreffenden Themas aufgelöst werden.

Im Jahr 2025 bestehende Probleme in einer Partnerschaft, können ihren Auslöser in der Kindheit, durch die Schwangerschaft der eigenen Mutter oder durch Geschehnisse in einem anderen Leben gehabt haben.

Ein Satz der Transformation irgendwo in der Vergangenheit und schon bewegt sich etwas im Leben der heutigen Zeit. Wie Einstein es gesagt haben soll, erschaffen unsere Gedanken also die Materie. Dann lassen sich diese Gedanken genauso gut wieder verändern. Ich habe das vielfach mit meinen Klienten erlebt!

DIE KRAFT DER SELBSTHEILUNG

Mit den Jahren veränderte sich dadurch vieles in mir. Irgendwie schien es, als löste ich, ganz ähnlich wie beim Ho'oponopono, durch die Arbeit mit den Klienten, meine eigenen Themen auf. Es kamen keine neuen Klienten mehr. Das war fantastisch und zugleich schade. Denn diese Arbeit hatte mich stets angenehm energetisiert.

Ansonsten wurde immer deutlicher, dass der Fokus sich verschob. Die Ernährung wurde ein wichtiges Thema. So entstand der Gedanke, ein Buch über Nahrung zu schreiben, um Hilfe zur Selbsthilfe zu geben. (Nebel im Kopf, erschienen November 2019)

Heilende Ernährung ist ein wichtiger Schritt auf dem Weg zur Selbstheilung. Der Mensch bekommt wieder Kraft, er tut sich und seinem Körper Gutes. Fürsorge sich selber gegenüber, ist der Beginn von Heilung. Nahrung ist Medizin für den Körper. Seele und Geist benötigen die Liebe zu sich selber…Dann entsteht die Kraft der Selbstheilung.

Liebe zu mir selber beinhaltet durchaus, Medizin einzunehmen, wenn ich es für richtig erachte. Globuli, Schüssler Salze, Pflanzentinkturen oder Heilkräuter sind das dann eher bei mir, als chemische Substanzen.

Meine Kräuter Tinkturen habe ich mir alle selber erzeugt. Dabei achte ich mittlerweile weniger auf die Indikationen, sondern darauf, welche Kräuter vor meinen Füßen auf sich aufmerksam machen. Veilchen in etwa, die bis zu meiner Küchentür wachsen oder den geliebten Storchenschnabel, der ständig in allen Blumenkästen auftaucht. Das seit Jahrzehnten.

Der Storchenschnabel ist *klüger* als ich! Er weiß, dass ich ein sehr empfindsames Lymphgefäßsystem habe. Also habe ich Storchenschnabel Tinktur immer vorrätig. Pflanzen wachsen quasi vor unserer Haustür. Sogar mit dem Storchenschnabel erlebt, im 4. Stock einer ehemaligen Wohnung in einer Kleinstadt.

DEIN EIGENER HEILRAUM

In der nachfolgenden Meditation stelle ich den Heilraum vor, der sich in deinem Herzen befindet. Dieser stellt kraftvolle Energie für die Selbstheilung bereit. Du solltest ihn natürlich gedanklich aufsuchen, sonst kann er nicht sonderlich hilfreich sein. Wie einfach das ist, beschreibe ich in einer weiteren Geschichte aus meiner Biographie.

Im Jahr 2004 befand ich mich in der Uniklinik Mainz zu einer Operation. Jahrelang hatte ich im Vorfeld versucht, diese zu verhindern. Manche Dinge sollen offenbar genauso sein, wie sie sind. Sie lassen sich nicht wirklich verhindern. Das empfand ich nach der Operation als klare Botschaft.

Am Termin für die Vorbereitungen zur Operation traf ich eine ältere Dame und ihren Partner. Sie erzählten mir ihre sehr interessante Geschichte und wir waren uns gegenseitig recht sympathisch. Als ich dann auf der Station wieder auf diese Dame traf, kamen wir mehrmals länger ins Gespräch. Sie hatte Angst vor einer Untersuchung, die anstand. Der Grund lag auf der Hand. Man wollte einen Lymphknoten bei ihr einzeichnen, der dann in einer Operation entfernt werden sollte. Es schien eine Metastase zu sein, nach einer überstandenen Krebsoperation.

So erzählte ich ihr von dem Heilraum, der sich im Herzen eines jeden Menschen befindet. Den haben wir sozusagen mitgebracht auf die Erde. Genau wie der Engel Hilfe.

Dann ging sie zu ihrem Termin. Eine Stunde später erschien sie in meinem Zimmer. Aufgeregt, glücklich und unter Freudentränen, erzählte sie mir, dass sie auf dem Weg zu diesem Termin an meine Worte gedacht hatte.

Sie begab sich gedanklich in ihren eigenen Herzensheilraum. Mitten auf einem Zebrastreifen auf dem weitläufigen Klinikgelände sei sie dann wie angewurzelt stehen geblieben. Sie hätte einen Ruck in ihrem Körper gemerkt. Seltsam ruhig sei sie geworden und hätte sofort gewusst, dass alles gut sei und man bei dem Termin nichts finden würde.

Genauso kam es dann. Die Ärzte standen vor einem Rätsel, der angeblich befallene Lymphknoten sah vollkommen unauffällig aus! Die Ärzte schickten sie nach Hause. Dieses Erlebnis konnte ich nicht vergessen! Ich habe selber grandiose Erfahrungen mit meinem eigenen Heilraum in meinem Herzen gemacht! Vielleicht magst du deinen eigenen Heilraum kennenlernen? Die Meditation kann dir dabei durchaus helfen. Wie es im Beispiel der Dame aus dem Krankenhaus zeigt, ist eine Meditation nicht einmal nötig.

Die klare Entscheidung dazu kann auch genügen!

UNTERSTÜTZUNG FÜR DEINE SELBST-HEILUNGSKRÄFTE

Auf dem Weg: Körper, Seele und Geist zu helfen, wieder in Einklang zu kommen, kann es sehr hilfreich sein, geistige Kräfte einzubinden. Ob es Engel sind, Jesus, Gott, Mutter Maria oder die Wesen des Waldes und der Erde, das ist im Grunde vollkommen egal. Wichtig ist nur, dass du eine Verbindung findest, zu deinen geistigen Kräften. Ich empfinde es so, als dass Gott uns diese Möglichkeiten mitgegeben hat. Das Leben als Mensch auf der Erde ist manchmal wirklich schwer genug. Da kann man Unterstützung gebrauchen. Auf Menschen kann man sich aus diversen Gründen nicht immer verlassen. So tut es gut, die innere Quelle zu kennen, wenn man sie wirklich braucht. Dein Herzraum ist solch eine Quelle und immer bei dir!

MEDITATION

Dieses Wort ist schon so abgenutzt, dass manche nur die Augenbrauen heben, wenn man darauf zu sprechen kommt. Das ging mir übrigens nicht anders. „Jaja, Meditation wäre gut, genau wie Yoga!"! Ich konnte es aber nicht. So meine Antwort in der Vergangenheit. Meine Vorstellung davon war falsch. Im Grunde sollte man in einer vollen U-Bahn mitten in einer Großstadt meditieren können. Mit Yogis im Tempel hat das nicht viel zu tun. In der Einsamkeit könnte gewiss jeder Mensch zu einer - zu seiner eigenen - Form der Meditation finden. Ob es beim Putzen ist, auf einem Spaziergang in der Natur, beim Kochen… Meditation ist es auch, wenn du aufmerksam im Moment bist, einfach sein lässt, was da ist. Die bereits beschriebene Meditation im eigenen Heilraum ist kurz, wirkungsvoll und äußerst hilfreich. Gerade in Notsituationen macht es Sinn, den Weg in den inneren Heilraum zielsicher und ohne großen Aufwand zu finden. Ich beschreibe dir hier die Meditation, wie ich sie gerne mache, wenn ich weder Not noch Zeitmangel habe. Die Verbindung mit der inneren Quelle tut so unglaublich gut!

HERZREISE

Du bist jetzt bereit, dein Herz zu bereisen, um deinen heiligen Raum zu finden. Gehe gedanklich vom Kopf in deinen Hals und verweile dort eine kurze Zeit. Fühle die Umgebung und spüre die warmen Energien. Dann gehe weiter, in dein Herz, stelle dir vor, wie du die

Membran deines Herzens durchschreitest. Vertraue darauf, dass du jetzt in deinem Herzen bist. Du bist in Bewegung und fließt mit dem Fluss des Blutes in deine innerste Herzkammer. Nach ein oder zwei Sekunden wird es ruhig. Du bist da, du bist in der heiligen Kammer deines Herzens! Es ist dunkel und ruhig und du bittest als erstes um Licht! Es werde Licht! Dann sieh dich um! Dieses ist dein Raum, dein heiliger, sicherer Raum! Er kann viele Formen haben. Es kann eine Höhle sein, eine Halle oder ein einfacher Raum. Nimm zuerst die Schwingung wahr, die hier ist, höre auf den Ton. Gebe dir jetzt etwas Zeit, damit du die Schwingung hörst und fühlst. Es kann sein, dass ein Klang in dir aufsteigt. Das ist der Ton deines Herzens. Nun schau dich um, wie dein heiliger Raum aussieht. Sind Bilder an den Wänden? Erkennst du Farben? Lass den Raum auf dich wirken. Fühle dich sicher und geborgen. Genieße die Ruhe und dein Sein, in deiner eigenen geheimen und heiligen Halle in deinem Herz. Dieser Raum ist dein Heilraum! Du kannst hier auch um Heilung für dich bitten. Nimm dir so viel Zeit, wie du magst und wenn du deinen Raum wieder verlassen willst, gehe über deinen Hals zurück, in deinen Kopf und langsam ins Tagesbewusstsein. Ende

Wenn du lieber eine CD hörst und dich führen lassen möchtest, kann ich dir das Buch „Aus dem Herzen leben", von Drunvalo Melchizedek empfehlen. Die CD liegt dem Buch bei. Er spricht diese Herzreise. Die Energie ist wundervoll!

DER WEG DES HERZENS

Wie schon der Buchtitel von Drunvalo es andeutet, ist der Weg des Herzens ein sehr guter Weg durch das Leben zu gehen.

Gregg Braden beschreibt in seinem Buch: *Der Weg des Mitgefühls* ebenso, wie wichtig der Weg des Herzens ist. Oder Paul Ferrini, der in seinen Büchern Jesus zu Wort kommen lässt. Man mag über gechannelte Bücher glauben, was man mag, aber die Energie dieser Worte von Paul Ferrini ist über alle Maßen berührend. Dieter Broers, ein unabhängiger Wissenschaftler und Autor erklärt dazu in seinem Buch: *Das Ego im Dienste des Herzens*, wie wichtig die Freude ist. Der Schlüssel ist die Freude, wenn das Ego dieser folgt, dient man dem Herzen.

Für mich persönlich, wenn ich es beschreiben soll, bedeutet dieser Weg des Herzens ein Leben voller Empathie und Freude und Mitgefühl. Den anderen Menschen in seinem Leben liebevoll anerkennen. Sich selber lieben und ebenso anerkennen.

Freundlich sein. Respektvoll gegenüber dem Leben und der Natur.

Ich erinnere gerne noch einmal an den Spiegel. Der andere Mensch ist ein Spiegel. Wie du ihm entgegen trittst, wird er dir entgegentreten. Wie du über ihn denkst, wird er möglicherweise auch über dich denken.

Aus Gewohnheit ordnet man andere Menschen oft in Schubladen ein. Durch Projektionen, also Dinge, die möglicherweise sogar aus unserem inneren Bild entstehen und sich im anderen Menschen spiegeln, entsteht eine feste Meinung über das Gegenüber.

Der Hausmeister der Schule beispielsweise ist ein Sturkopf, mit dem braucht man gar nicht sprechen, der hilft einem sowieso nicht.

Oder: Die Krankenschwester in der Klinik XY auf der Station C ist total streng und kann überhaupt keine Verbände anlegen. Mein Vater ist ein Besserwisser, dem kann ich ohnehin nichts recht machen. Meine Tante ist eine blöde Ziege und hat null Ahnung vom Leben.

In Wahrheit ist der Hausmeister vielleicht ein sehr sanfter und zarter Mensch, der sich einfach nur selber schützt, weil er im Grunde Angst vor den Heranwachsenden hat. Die Krankenschwester ist vielleicht nur deshalb streng, weil sie so extrem mitfühlend ist und Verbände kann sie nicht anlegen, weil sie Angst hat, dem Patienten weh zu tun.

Der Vater hat von seinem Vater eine vorgefertigte Meinung übernommen und aus Angst, etwas falsch zu machen, bleibt er dabei. Die Tante hat mehr Ahnung vom Leben, als du denkst und ist weise und sehr klug. Sie zeigt es nur nicht.

So oder ähnlich könnte es aussehen, wenn du wirklich dahinter schauen würdest.

Die Menschen sind das, was du von ihnen denkst.

Die Welt ist das, was du von ihr denkst.

Meine Kollegen sind das, was ich von ihnen denke.

Die Erderwärmung ist das, was ich von ihr denke.

Die globale Entwicklung ist das, was ich von ihr denke

Und so weiter…

Merkst du, wieviel Macht du deinen Gedanken gibst?

Glaube nicht alles, was dein Kopf denkt.

Die Frage ist, wie ich mit all dem vermeintlichen Wissen umgehen möchte.

Mit dem Glyphosat, dem Handynetz 5G, dem Insekten- und Vogelsterben, dieser Entwicklung auf der Erde und in den Menschen. Ich habe mich entschieden, in meinem Umfeld den Weg des Mitgefühls, der Liebe und Leichtigkeit zu gehen.

Dann erlebe ich dieses auch im außen!

Du bist was du denkst und was du denkst, ziehst du an! In dieser Zeit, mehr denn je!

HOCHSENSITIVITÄT ODER PRINZ UND PRINZESSIN AUF DER ERBSE

Heutzutage fällt es schneller auf, wenn jemand hochsensitiv ist, als das in meiner Kindheit der Fall war. Es gibt ja etliches an Literatur dazu. Zart besaitet oder HSP=Hochsensitive Persönlichkeit, es gibt einige Begriffe mittlerweile für die Prinzessin auf der Erbse und ja, es gibt sie auch: Die Prinzen auf der Erbse! Was kennzeichnet einen Menschen aus, der hochsensitiv ist?

Zum einen könnte man die starke Empfindlichkeit nennen. Zum anderen ist da eine Art Hellsichtigkeit, die viele hochsensitive Menschen auszeichnet. Sie hören praktisch die Flöhe husten. Beides gepaart ergibt eine brisante Mischung, die andere Menschen selten wirklich verstehen, geschweige denn, nachvollziehen können!

Wie sollte man einem nicht so sensitiven und nicht so empfindlichen Menschen erklären, dass schon ein durchaus leise eingestelltes Radio, zu viel oder zu laut sein kann? Zu viel an Informationsflut. Zu laut für die hellhörenden Sinne. Wie sollte man erklären, dass Weichspüler oder ein Parfum das Riechzentrum der hochsensitiven Person so unglaublich überreizt, dass sie Migräne oder Hustenreiz bis Asthma bekommt.

Wie sollte man erklären, dass eine hochsensitive Person in einem Einkaufszentrum schlechte Laune bekommt, weil sie die vielen Eindrücke all der Menschen hautnah spürt?

Wie sollte man erklären, dass die Gefühle eines Gegenüber eins zu eins bei der hochsensitiven Person ankommen und das ohne ein Wort darüber verloren zu haben?

Hier wieder ein Beispiel von mir selber.

Als ich am Frankfurter Flughafen arbeitete, kam ich eines Tages zu meiner Spätschicht um vierzehn Uhr in unseren Aufenthaltsräumen an. Eine sehr liebe Kollegin von mir stand weiter entfernt, aber sichtbar in einem anderen Raum. Von der Küche aus rief ich ihr ein fröhliches „Hallo" zu. Zurück kam eine kurze Antwort. Was mich sofort alarmierte, war das Gefühl, das in dieser Antwort mitschwang und ich ging sofort zu ihr. Ich fragte sie, was los sei und sie sah mich erstaunt an. „Wieso?"

„Rede nicht drum herum, was ist mit dir?" meine Entgegnung. Sie war sehr verblüfft, fing aber sogleich an zu weinen. Wir zogen uns in andere Räume zurück und sie erzählte mir, dass ihr Mann fremdgegangen war. Davon wollte sie eigentlich niemandem erzählen, jedoch hatte meine hellfühlende Seite sofort wahrgenommen, dass eine große Traurigkeit sie umgab. Ich konnte sie etwas aufbauen und ablenken. Wir beschlossen uns am Schalter einteilen zu lassen, damit wir Zeit miteinander verbringen konnten. Als die Schicht vorbei war, hatte sie neuen Mut gefasst.

Oft sprach ich allerdings nicht über meine hellfühlende Ader. Das kam selten gut an. Menschen haben schnell Angst und Hintergedanken bei so jemandem wie mir. Im Laufe der Jahre verstand ich es dann, damit besser umzugehen. Ich verstand vor allem mich besser. Ich verstand, dass meine Hellfühligkeit kein Fluch, sondern eine Gabe war.

Bevor es Bücher gab, wie „zart Besaitet" und ähnlich, wusste ich es also schon: Ich bin anders! Die Welt war für mich so viel mehr, als für andere. In der Kindheit merkt man nicht gleich, dass man anders ist. Die Wertung fällt bei Kindern weg. Sie nehmen die ersten Jahre erst einmal jeden Menschen so, wie dieser ist. Im Laufe der Jahre lernen sie zu vergleichen. Man möchte fast dazu sagen: Leider!

Die Welt wäre wirklich schöner, wenn die Vergleiche nicht wären. Erst lernt man das Vergleichen, dann darf man es sich mühsam wieder abgewöhnen. Das machen sicher nicht viele Menschen. Das sich wieder abgewöhnen. Besser wäre es jedoch.

Man lernt also vergleichen und damit fällt dann eines Tages auf, dass man anders ist. Man ist störanfälliger, träumt mehr, ist vielleicht auch fantasievoller. Alle wollen stets schneller, weiter und höher kommen. Der hochsensitiven Person genügt es allerdings oft schon, durch den Tag zu kommen, ohne anzuecken.

Alles bezieht man auf sich selber, bevor man erkannt hat, wie der Hase läuft. Gerne wird man als Pienzchen, beleidigte Leberwurst oder Träumer beschimpft. Mobbing ist ein weiteres Thema. Als hochsensitive Person kennt das sicherlich jeder.

Ok, genug des negativen Beigeschmackes. Jetzt kommen wir zu den Vorteilen der Hochsensitivität. Die Flöhe husten zu hören, kann unglaubliche Vorteile haben. Man weiß zumindest vor allen anderen, dass Flöhe im Haus sind. Scherz.

Die eine, einzige Falte im Bettlaken unangenehm im Rücken zu spüren, ist jetzt bestimmt kein Vorteil. Allerdings merkt man so dann auch beizeiten, wenn etwas nicht stimmt. Mit der Erbse unter dem Bett oder der nach einem Landeplatz suchenden Zecke auf der Haut.

Zuallererst ist es ganz wichtig, falls du dich hier ein wenig erkannt hast, dich genauso anzunehmen, wie du bist. Die Vorteile werden sich im Laufe des Lebens zeigen. Wenn du dich nicht wie ein Opfer verhältst, sondern klar und deutlich zu dir stehst, können andere Menschen ebenfalls eine Stärke darin erkennen.

Du kannst dir vielleicht nicht vorstellen, wie oft ich schon zu hören bekam: „So mutig wie du möchte ich gerne sein!"

Mutig nämlich, zu sich zu stehen und Klartext zu sprechen.

Dabei erklärte ich einfach nur: „Wenn wir zusammen Auto fahren, bitte kein extra Parfum auflegen, ich kann beinah so gut riechen wie ein Hund!" Oder ich sagte: „Ich bin eine Prinzessin auf dem Nano-Staubkorn, ich merke mehr, sehe mehr und fühle mehr, aber ansonsten kann man mit mir auch Pferde stehlen!"

Warum trauen sich Menschen nicht, zu sich selbst zu stehen. Egal ob hochsensitiv oder nicht? Ich musste es gezwungenermaßen lernen, sonst wäre ich eines Tages Einsiedlerin geworden.

Mittlerweile weiß ich die Wege, durch die die Engel mich leiten, extrem zu schätzen. Ich bin unendlich dankbar für die Führung.

Mir selber dankbar, so gut darauf zu hören und gehört zu haben.

Deshalb und nur deshalb nämlich, wohnen wir hier so geschützt und so beschützt! Diese vielen hohen Bäume um uns herum sind ein großartiger Schutz für jemand wie mich. Kein WLan vom nächsten Nachbarn stört mich, und sei es nur psychisch.

Ich konnte mir durchaus viel einbilden und musste etliche Störungen auseinanderdividieren. Eingebildet oder tatsächliche Störung? Überreizung oder emotionale Wahrnehmungsstörung? Eisprung oder zu viel von was auch immer?

Jetzt, nach so vielen Jahren, kenne ich mich aus mit mir. Ich kenne mich sehr gut und weiß, was ich lieber ausklammern sollte, mir ersparen sollte, oder womit ich durchaus einmal an einem Tag klarkommen kann. Ich schäme mich nicht mehr für meine hohe Empfindlichkeit. Mittlerweile habe ich sie ja als Gabe wahrgenommen.

Ich fühle mich nicht mehr als unnormal und die anderen, nicht so empfindlichen Menschen als normal. Fast würde ich mich so weit aus dem Fenster lehnen und sagen: Ich bin eher die Normale.

Wenn wir alle so empfindsam wären, würden alle Grenzwerte der Welt für Gifte extrem niedrig sein. Dann hätten wir kein Glyphosat Problem. Der Mensch an sich, hätte Jahrzehnte eher gemerkt, dass das Zeugs nicht gut sein kann!

Wenn ich der Gradmesser wäre, für die Thematik Handystrahlung, gäbe es den Funkstandard 5G niemals. Meine Lymphknoten reagieren ja schon, wenn ich das normale schnurlose Haustelefon am Ohr habe. Deshalb telefoniere ich grundsätzlich nur mit Lautsprecher. DECT kann ich am Router nicht einmal einschalten, ich merke das, selbst, wenn ich es nicht weiß.

Man kann wundervoll ohne WLan leben. Wird es gebraucht: Einschalten, dann gleich wieder ausschalten! Man kann wundervoll mit dem Handy NICHT telefonieren, die Whats app Nutzung einschränken. Nachts auf Flugbetrieb stellen oder sogar tagsüber zweitweise. Man kann wundervoll auf sehr viel Elektrik verzichten. Das Leben hier oben in dem Dorf mit vielen Funklöchern ist durchaus angenehm!

„Fang jetzt bloß nicht mit: Früher war vieles besser an!" höre ich meine Tochter sagen. Zumindest war besser, dass uns nur wenig Strahlung umgab. Man darf wieder lernen, nicht ständig für Banalitäten erreichbar zu sein. Auch ich selber darf lernen, nicht jeden Telefonanruf, jede Whats app Nachricht oder jede E-Mail sofort beantworten zu müssen.

Die sozialen Medien sind für Hochsensitive eine komplette Reizüberflutung. Denn ob du es glaubst oder nicht: Gefühle lassen sich wunderbar per Computer transportieren. Eine Prinzessin auf dem Nano Staubkorn merkt, mit welchen Gefühlen Dinge geschrieben und transportiert werden. Aus diesem Grund höre ich kein Radio, weil die Frequenz oft sehr hart und unangenehm ist.

Aus diesem Grund schaue ich keine Nachrichten und verweigere mich dem Medium Instagram. Die Energie dieser sozialen Plattform ist für mich sehr unangenehm. Ich bin angemeldet, aber dort nicht „unterwegs".

Ich wollte dir einen kleinen Einblick in das Leben einer hochsensitiven Person geben. Beim Schreiben bin ich fast atemlos geworden. Alleine der Gedanke an all die stressigen Dinge im Außen, nimmt mir manchmal die Luft. Mein Blick aus dem Fenster auf unsere Bäume oder den Soonwald entspannen mich sofort. Der Wald ist meine Medizin, meine Beruhigungspille und mein Zuhause.

Dort fühle ich mich in meiner Art unglaublich wohl. Schon als Kind war ich ständig im Wald. Nicht nur auf den Sonntagsspaziergängen mit den Eltern. Diese waren mir gar nicht so willkommen, denn da musste man brav auf dem Weg bleiben, an der Hand des Vaters. Nein, heimlich, ohne dass die Eltern es wussten, war ich bei und mit den Pfadfindern im Buchholzer Wald. Wir bauten Höhlen unter Blätterdächern und waren glücklich dort. Diese heilende Energie erlebe ich hier nun wieder, auch ohne Blätterdachhöhlen. Wenn du mehr über dies zart besaitet sein oder die Hochsensitivität wissen möchtest, findest du in der Literaturliste zwei Buchempfehlungen.

VÄTER UND IHRE TÖCHTER

Mir half vor längerer Zeit das Buch von Julia Onken mit dem Titel: **Die Vaterfalle** *Die Macht der Väter über die Gefühle der Töchter*.

Meine Eltern bekamen ihr erstes Kind zweieinhalb Jahre vor mir, meine Schwester. Nun wollte mein Vater noch seinen Sohn haben. Es kam wieder „nur" ein Mädchen. Das störte ihn anfangs wohl eher nicht, denn er sah mich als Sohn! Sein Sohn hätte Anton heißen sollen und so nannte er mich Toni.

Nachdem sich dieser Toni mit fünf Jahren als Mädchen offenbarte, war mein Vater offenbar schwer enttäuscht. Zwar war ich wild und ungestüm wie ein Junge, doch ebenfalls träumerisch und irgendwie unerziehbar. Ich tat einfach das, was ich wollte. Selbst seine Strenge konnte mich nicht daran hindern. So kam zu seinem Unglück, dass ich nicht Vaters Sohn war, auch noch meine nächste Eigenart hinzu:

Ich war einfach anders.

Mal von der Herausforderung abgesehen, jahrelang einen Jungennamen zu tragen, störte es mich in meiner Erinnerung überhaupt nicht, dass ich der Junge meines Vaters sein sollte.

Wie gerne wäre ich auf seinem Polizeipferd geritten, hätte so gerne den Stolz in seinen Augen gesehen, wenn ich, der Toni, so gut hätte reiten können, wie der Papa. Doch ich war ja ein verträumtes Mädchen. Er hat mich bis kurz vor seinem Tod nie wirklich gekannt. Trotzdem habe ich ihn so sehr geliebt!

Wie sehr, dass erlebte ich an einem schönen Sonnentag vor der Wohnung einer Freundin. Wir hatten oft philosophische und tiefgründige Gespräche über viele Dinge. An diesem Tag ging es um den Vater in unserem Leben. Mir wurde auf einmal etwas erschreckend klar! Ich stolperte und fiel fast gegen die Hauswand und sagte ganz leise: „Du meine Güte. Wie sehr habe ich meinen Vater geliebt! So sehr, dass ich ihn kopiert habe!" Darauf folgte erst einmal ein Lachanfall und wir schauten uns verwirrt an. Das Wort trifft es wirklich: Verwirrt.

Denn an die sechzig Jahre lang, hatte ich mich in kompletter Opposition zu meinem Vater gewähnt. Meine Mutter und ich verstanden uns meistens prächtig. Doch mein Vater war meiner Meinung nach komplett das Gegenteil von mir. Mit ihm verband mich höchstens die Liebe zu Pferden und zur Natur. Das ich jedoch genauso sein wollte, wie ausgerechnet er, war eine ungeheure Entdeckung für mich!

In seinen letzten Lebensjahren waren wir uns nah gekommen. Über den Humor trafen wir uns auf einer Ebene. Das tat so gut.

Mein Vater war an Alzheimer erkrankt und verlor sein gewohntes Leben immer mehr. Doch der Humor blieb ihm treu und wir konnten gemeinsam lachen. Das erzählte mir auch meine Schwester, die ihn öfter in Hamburg besuchen konnte, als ich. Lachen als gemeinsamer Nenner.

Als ich nun mit der Freundin vor ihrem Haus stand, fielen mir schlagartig so viele Gemeinsamkeiten ein. Wie sehr hatte ich mich angestrengt, genauso wie Papa zu sein.

Nicht in Konkurrenz zu ihm, nein, eine Kopie!

Mir gegenüber war ich so streng, wie er es gewesen war. Mir gegenüber war ich unnachgiebig und kritisch. Ich sah mich stets mit Papas

Augen. Zwar war ich kein Junge, doch wollte ich wenigstens genauso sein wie mein Vater! Die Gefühle, die der Vater so unsichtbar beeinflusst hatte, musste ich nun erst einmal neu sortieren. Ja, sogar kennen lernen. Wo würde ich als ich selber handeln. Wo überlagerten meines Vaters Denken, Fühlen und seine Einstellung mich persönlich.

Väter beeinflussen die Gefühle ihrer Tochter unglaublich. In Julia Onkens Büchern kommt da vieles an das Licht. Bei mir war das Selbstwertgefühl schwer gestört. Als Mädchen geboren, vom Vater zum Jungen erhoben, dann wieder zum Mädchen degradiert, blieb mir eine innere Einstellung viele Jahrzehnte treu:

Ich bin nicht richtig, wie ich bin.

Dazu kam noch, dass ich ebenso Jahrzehnte brauchte, bis ich verstand, dass mein Vater alle traurigen, in sich verborgenen Gefühle, im Bezug auf meine Mutter, seine Ex-Frau, auf mich projiziert hatte. Zwei Jahre vor seinem Tod warf er mir das bei einem Besuch erneut vor. Wie jedes Mal, wenn wir uns sahen. „Warum ich nur fort gegangen wäre", waren seine mir so bekannten Worte.

Dieses Mal blieb ich nicht stumm oder ärgerlich vor ihm sitzen. Ich schleuderte ihm weinend entgegen, dass jetzt Schluss sei mit einer Anklage, die nicht zu mir gehört.

Meine Schwester und ich waren die Opfer gewesen. Kinder, keine Erwachsenen. Nicht verantwortlich für all das!

Ich, als Kind, wäre niemals von ihm fort gegangen. Ich hätte Mutter und Vater um mich haben wollen, genau wie meine Schwester. Er möge endlich damit aufhören, seine Schuld auf mich zu schieben! Ich sei ein Kind gewesen und hätte mit der Scheidung der Eltern absolut niemals etwas zu tun gehabt.

Als dies aus mir herausbrach, saß ich neben ihm auf dem Boden und sah mit verweinten Augen zu ihm hoch. Was ich dann sah, war so schön für mich, dass ich es nie vergessen kann. Mein Vater verstand! Er hatte nun auch Tränen in den Augen und nickte. Mehr musste dazu auch nicht gesagt werden. Meine Worte waren in ihm angekommen!

Warum ich dies hier schreibe? Weil wir als Kinder oft überhaupt nicht wissen, was die Eltern alles auf uns projizieren. Manchmal gelangt es an die Oberfläche und Heilung kann geschehen. Oft genug jedoch tragen wir, die ehemaligen Kinder, die Fehler und Schuld unserer Eltern als unsere mit uns herum.

Gerade Männer sind sich so häufig ihrer eigenen Gefühle nicht wirklich bewusst. Es wird verdrängt, was nicht verstanden wird.

Frauen reden viel mehr! Mit den Müttern und mit den Freundinnen. Sie verarbeiten eher durch Gespräche die Dinge, die sie nicht verstehen können.

Wie ich es im ersten Kapitel in diesem Buch erwähnte, sind es die transgenen Traumata, die immer noch wirken. Nach dem zweiten Weltkrieg haben die Menschen das Unfassbare, das so schrecklich Erlebte, nicht mehr auf den Tisch legen wollen. Sie wollten einfach nur vergessen und neu aufbauen. Doch so etwas lässt sich nicht entsorgen, wie mit der Müllabfuhr.

Es bleibt in den Zellen. Im Alter, mit so einer Erkrankung wie Alzheimer, kommt es aus den Zellen herausgekrochen.

Zu dieser Zeit wusste mein Vater noch, wer ich war. Seine Tochter. Die Ungeliebte. Die Komische, die alles so anders macht. Die ihn so liebt, obwohl er sie immer wegstieß.

Als ich nach diesem Vorfall wieder Zuhause ankam und mich telefonisch zurückmeldete, ließ er sich von seiner zweiten Frau den Telefonhörer geben. Er, der nicht mehr telefonierte. Mit seiner brüchigen Stimme und ganz langsam hervorgebrachten Worten sagte er mir: „Bleib du so, wie du bist! So fröhlich und so lachend!" Tief in mir wusste ich, dass er mich endlich erkannt hatte!

Die Befreiung aus seiner Betrachtungsweise mir gegenüber war großartig! Die Befreiung aus meiner Sichtweise auf mich selber, erst recht!

Die Schuld hatten wir an dem Tag dahin zurückgestellt, wo sie hingehört. Zu den Eltern. Mal ganz davon abgesehen, dass meine Mutter schon sehr richtig entschieden hatte, sich von ihm zu trennen.

Mein Vater duldete im Grunde niemanden neben sich. Nur sein Pferd Sandomar. Als dieses Pferd starb, fing sein Alzheimer an.

Es tat so gut, dass wir uns versöhnt hatten und einfach liebten.

Der Vater die jüngere Tochter, und diese ihren Vater! Mehr gibt's dazu gar nicht zu sagen. Die Gefühle, die Väter den Töchtern überstülpen, spielen eine sehr große Rolle. Man könnte das als übergriffig bezeichnen. Allerdings leben die Töchter diese Gefühle unbewusst sehr häufig aus Liebe so aus. Mal drängt man sich als Tochter unbewusst in die Rolle der besseren Ehefrau, der besseren Tochter, des perfekteren Kindes. Ebenso kann die Abwehr, können Strategien, mit der väterlichen Persönlichkeit umzugehen, Gefühle erzeugen, die ein Leben lang gelebt werden. Wie Julia Onken es in ihren Büchern immer wieder thematisiert, und wie ich es selber erlebte:

Die eine Tochter lebt den Trotzkopf, die andere die Angepasste, die brave Tochter. Es kostet Bewusstsein und Zeit, sich daraus zu befreien!

Der Rucksack hat einiges von dem enthüllt, was mitgeschleppt wird. Vieles davon benötigen wir absolut nicht mehr. Ich denke, du bist da mit mir einer Meinung. Allerdings prägt die Vergangenheit den Menschen. Er kann nichts für diese Vergangenheit. Allerdings kann der Mensch dafür sorgen, in der Gegenwart, in der Jetzt- Realität zu heilen und sich selber quasi zu reparieren!

Du hast nun einige Werkzeuge an der Hand, um dich lösen und befreien zu können, von den vielen Gewichten in deinem Rucksack.

Gib dir selber Zeit. Du schleppst es schon lange genug mit dir herum. Auf einen Tag oder einen Monat kommt es da auch nicht an. Du weißt ja, dass die Gedanken die Materie erschaffen. Du kannst klare Botschaften aussprechen und in deiner Materie entstehen lassen. Du kannst klar und deutlich aussprechen:

„STOP, dafür stehe ich nicht mehr länger zur Verfügung!", wenn dir etwas auffällt, dass du nicht mehr möchtest.

Es ist möglich, dein Leben zu ändern! Es ist möglich, ein Einhorn zu sein, wenngleich dir jeder sagt, es gäbe keine Einhörner! Sei einfach du… mit all deinem Gepäck. Mit all deinen guten und weniger guten Eigenschaften. Steh zu dir! Sei dir treu! Wenn du vor herausfordernden Situationen stehst, atme tief ein und aus, an die zehn Mal. Dann überlege dir, ob eine Reaktion deinerseits überhaupt not-wendig ist. Also: musst du Not wenden? Kannst du das an dir vorbeiziehen lassen? Erledigt es das Leben von selbst? Wäre es sinnvoll, Engel zu rufen, die vor dir den Weg klären? Erlaube dir, aus dem Hamsterrad deiner Gedanken auszusteigen und ihnen nicht alles zu glauben.

Erlaube dir, jeden Tag mit Leben zu füllen und nicht das Leben mit Tagen!

EIN EINZIGER AUGENBLICK KANN ALLES UMGESTALTEN

Ja, da war er dann, dieser eine Tag, der mir eine extrem heftige Aufgabe „schenkte"!

Dazu hole ich ein wenig aus.

Nachher ist man oft schlauer, denn die Gegenwart wird meistens erst in der Zukunft verstanden. Jo hatte sich schon seit Monaten, ohne dass wir beide es wussten, auf den Weg gemacht, die Ebenen zu wechseln, also: zu sterben. Rückblickend schreibe ich meine Erkenntnisse dazu.

Das Jahr 2020 war in vielerlei Hinsicht kein Leichtes. Niemand auf der Welt wird diese Zeit mit Corona vergessen. Ich hatte für mein Buch: *Nebel im Kopf* meine erste Lesung im Februar 2020.

Es sollte dank all der Ängste in der Menschenmasse und den zügig aufkommenden Verboten, die Letzte sein. Jo hatte bald darauf Home Office. Da er für die Technik im Sportinstitut an der Uni zuständig war, fuhr er an zwei seiner vier Arbeitstagen nach Mainz. Ob es am geforderten Maskentragen lag oder zunehmender Herzschwäche (vermutlich eine Unfallfolge, wer mag das schon wissen), verlor er zunehmend Energie. Heute sage ich: die Frequenz von Jo war dabei sich zu verändern, er löste sich nach und nach von diesem Leben als Jo. Hätte ich das damals gewusst, ich hätte seinen Weg sehr erschwert. Denn ich hätte ihn von Arzt zu Arzt geschickt, bis einer seine Herzinsuffizienz so behandelt hätte, dass er am Leben bleibt. Aber das war nicht sein geplanter Weg.

Ohne dass wir es ahnten, begann sein letzter Sommer.

Jo und ich genossen die Freiheit und Stille in unseren Wäldern, mit unserem guten Hund. Das Wichtigste was Menschen zusammen schaffen sollten, sind gemeinsame schöne Erinnerungen.

Angstfrei vor Corona und glücklich erlebten Jo und ich wundervolle Spaziergänge im Soonwald. Nichts deutete auf seinen baldigen Abgang hin. Ich begann mir allerdings ein wenig Sorgen zu machen, weil Jo wirklich sehr oft sehr müde war. Ich interpretierte dies als Überforderung durch die ungewohnte Situation im Home Office. Das tat Jo nicht gut. Dazu kam das Maskentragen. Er hatte wieder häufiger blaue Lippen. Nun: Für ihn selber bestand nach seinem Bekunden kein Handlungsbedarf. Ende Mai nahm ich an einer einundzwanzig tägigen Meditation teil. Online gab es morgens immer eine geführte Meditation, es handelte sich um das Thema Fülle.

In der Nacht vor dem Start dieser, durch Chuck Spezzano geführten 21 Tage-Meditationsreihe, wachte ich mit massivem Schwindel und Erbrechen auf. Die massive Übelkeit begleitete mich fast eine Woche, der heftige Schwindel hielt vier Wochen. Es war so massiv und extrem und verwirrte mich kolossal. Einmal musste ich sogar Jo anrufen, damit er von der Uni aus Mainz wieder nach Hause kommt, damit er mich ins Haus führen kann. Ich konnte weder mit dem Hund Gassi gehen, noch aus dem Auto aussteigen. Danach wurde der heftige Schwindel etwas weniger, blieb aber bis zum Tag von Jos Tod mein Begleiter. Meistens war der Schwindel dann nur beim Hochkommen (wenn ich mich vorher gebückt hatte) oder, und das irritierte mich zusehends: wenn Jo und ich uns umarmten – was wir normalerweise oft taten. Wenn wir uns im Haus trafen, gabs eine liebevolle Umarmung und einen Kuss. Dann ruckte mich quasi der Schwindel immer nach rechts. Das so regelmäßig, dass Jo sich schon angewöhnt hatte, zu meinem Schutz den Arm rechts noch aufmerksamer um mich zu legen, mich zu halten, falls ich falle. So zärtlich und so umsorgend liebevoll.

Wie ich so bin, hinterfragte ich allerdings das WARUM!

Also: wieso kippe ich vor allem nach rechts – also, von Jo weg, wenn er mich umarmt? „Will ich mit ihm noch zusammenleben", war daraufhin meine Fragestellung.

Denn die Coronazeit offenbarte natürlich massiv unsere unterschiedliche Denkweise. Jo schaute Nachrichten, glaubte den Informationen über all das, obwohl er vor Corona, genau wie ich, keine Angst hatte. Wir hatten schon immer verschiedene Sichtweisen und konnten das gut so lassen. Jedem seins lassen.

Ich war erleichtert, dass die Antwort in mir ein deutliches Ja für Jo ergab. Hätte mich auch gewundert, so, wie wir uns bedingungslos liebten. Als Jo dann gestorben war und von diesem Tag an, der Schwindel weg war, kam mir eine Erkenntnis. Erschreckend und interessant zugleich: Ich hatte durch meine Medialität geahnt, was passiert… das Jo sterben würde. Der andere Gedanke: ich merkte, wie Jo seine Frequenz veränderte, sich loslöste von diesem Leben und wir auf unterschiedlichen Frequenzen, also Energien, unterwegs waren. Ich kippte quasi von ihm weg, weil mich das nicht mit hineinziehen sollte.

Das führte zu einem sehr tiefen Verständnis. Erstaunen über uns Menschen und unsere Wege. Tiefstes Mitgefühl. Sehr berührend unsere Wochen vor seinem Tod. Extrem berührend danach all diese Erkenntnisse für mich!

Da wir wohl innerlich auf einer sehr, sehr tiefen Ebene wussten, das er geht, hatten wir viele Gespräche über den Zeitpunkt, wenn einer von uns oder wir beide sterben würde. Das war schon auffallend, aber im Grunde erst so richtig, als er schon tot war!

Wir besprachen zum Beispiel den Ort, an dem wir in einer Urne nach dem Tod „sein" möchten. Wir entschieden uns zum Beispiel gegen den Ruheforst einige Ort weiter und bekundeten beide, eher lachend, ob so einer komischen, zur Unzeit gestellten Frage, dass wir hier im Soonwald letzte Ruhestätte für den Körper finden möchten. Wir wollten also entspannt warten, bis es hier einen Ruheforst in unserem Wald gibt. Ich hatte die Idee, dass Jo eine Liste erstellen sollte, mit Dingen, die er unbedingt noch machen will im Leben. Für mich war es völlig uninteressant, eine eigene zu erstellen. Mehrfach sagte er sehr deutlich: Das er für die Liste nichts hat, denn Erstens hätte er alles schon gemacht, was er so an Träumen hatte und Zweitens fiel ihm auch nichts ein. Ich schlug Urlaube vor, wie in Frankreich oder Holland – wieder mal tauchen gehen (er war unter anderem auch Rettungstaucher) beispielsweise oder Ski fahren, sein französisch aufzufrischen und nach Straßburg zu fahren. Aber Jo sagte immer:

„Ach, wieso sollten wir in Urlaub fahren, wo wir hier im Urlaubsland leben. Wir haben die Wälder noch gar nicht alle erkundet. Ne, auf meiner Liste steht nichts. Ich bin total zufrieden!" Nun gut, ich nahm das dann so hin. Und ich wunderte mich auch nicht mehr darüber, denn Jo war ein sehr bescheidener Mensch, zufrieden mit einfach allem.

Als er gestorben war, fand ich einen sehr schönen Weg, der körperlichen Hülle die gewünschte Ehre zu erweisen. Eine wundervolle Abschiedsfeier für Jo fand mitten im Wald statt.

Ein Schmetterling tauchte auf, den Jo und ich sehr liebten, eigentlich ein Nachtfalter (der braune Bär, oder auch russischer Bär genannt) flatterte aufdringlich um uns herum. Das Wetter war gemischt, am 15. August, Sonne, Gewitter, Regen, stürmischer Wind und herrliche sommerliche Stille. Die starke Präsenz von Jo spürten alle. Es war feierlich, fröhlich, bunt und so, wie es ihm gefallen hätte. Unvergesslich!

PROJEKTIONEN

Zwei Wochen vor seinem Tod hatten wir eine Diskussion. Oder sagen wir so: ich hielt einen Monolog. Es waren meistens Monologe, wenn ich Erkenntnisse hatte oder etwas verändern wollte, in unserem Miteinander. Im Laufe meiner Erläuterungen fiel mir etwas auf. So glasklar, wie in dem Moment der Erkenntnis, bezüglich meines Vaters.

Mir war aufgefallen, dass Jo zunehmend meine Einstellung und Gedanken, sagen wir, meine alternativen Gedanken zum Verhalten rund um Corona, in Frage stellte. Wenn ich ihn darauf hinwies, dass er alles aus den Nachrichten und von seiner geliebten Partei, den Grünen, ohne Eigenrecherchen, zu hundert Prozent glaubte, mich aber fragte, woher ich dies oder jenes wüsste, gab es zunehmend Spannungsfelder. Das war also das Thema meines Monologes.

Meine gewaltige Erkenntnis bestand im Erkennen einer wundervollen Projektion. Das erklärte ich Jo und wir beide waren sehr erleichtert und froh über die entspannte Wendung.

Die Erkenntnis: mir fiel auf, dass Jo mich genauso in Frage stellte, wie es meine Familie tat. Ich habe ja bereits beschrieben, dass ich meiner Familie, allen voran meinem Vater, aber auch meiner Schwester und meiner Mutter, nie gerecht wurde. Ich bin einfach zu anders. Zu viel –

zu unbequem – zu hinterfragend – zu wenig manipulierbar und in vielen Dingen zu lebendig. Zu Pipi Langstrumpf, zu unangepasst.

In meiner Ursprungsfamilie war es mir zu mühsam, Dinge zu erklären, mich zu erklären. Meine Aufgabe war offensichtlich, zu lernen, vollkommen zu mir zu stehen. Egal, ob es im außen jemand tut oder nicht. Es gibt wohl in jeder Ahnenreihe ein schwarzes Schaf, welches sich aufmacht, Dinge zu unterbrechen und auszusteigen aus dem gewohnten Handeln. Unter Umständen sehr unbequem für die Familie.

Jo gab mir, wie einst meine Großmutter immer das Gefühl, mich zu lieben. Egal, wie ich dachte, handelte oder mich zeigte. Durch sein stetiges Hinterfragen, lernte ich zwar, mich deutlich auszudrücken und zu erklären, wenn es mir denn wichtig war, verstanden zu werden. In allererster Linie lernte ich jedoch: wie ich bin, bin ich ok. Der andere allerdings auch. Man darf sich gegenseitig lassen. Der Zauber einer jeden Beziehung. Ob unter Ehepartnern oder Freunden. Im Grunde stellte Jo auch nicht mich als Person in Frage, sondern mein Wissen. Weil es nicht sein kann, was nicht sein darf. Sozusagen.

Ich sagte laut und deutlich, Jo von seinen Projektionen entbindend, dass ich ihm dankte, für die Aufgabe, die er da übernommen hatte, mir all das zu zeigen und nahm nicht nur meine unbewusst auf ihn gelegten Projektionen zu mir zurück, sondern gab ihm auch die mir auferlegten zu ihm zurück. Denn Jo hatte das Thema mit seiner Mutter auf mich projiziert.

Da solche Dinge energetisch stark wirksam sind, hatten wir noch zwei wundervolle Wochen. Ich war zutiefst entspannt. Konnte ihm seine Nachrichten und den Glauben an diese Pandemie und offiziellen Hintergründe lassen. Auch wenn ich zuweilen eine innerliche Augenbraue hochzog. Sehr hilfreich: ich konnte nun ebenso mich lassen, ohne mich von Jo angegriffen zu fühlen. Am Tag vor seinem Wechsel in unser wirkliches Zuhause wollte Jo zwei sehr lange Spaziergänge mit dem Hund machen. Am Abend ließ ich ihn nach einem Besuch in der Eisdiele (für mich sehr ungewöhnlich, da ich immer alles selber machte, auch Eis), im Nachbarort raus, er wollte von dort nach Haus gehen, mit dem Hund. Es geschah etwas, das mir bald darauf ein riesiger Trost sein sollte:

Jo drehte sich halb um und bat, ein Foto von ihm zu machen. Danach hat er noch niemals zuvor gefragt. Dieses Foto ist quasi sein Abschiedswinken. Erstaunlich, was wir innerlich wissen, ahnen, ohne es wirklich zu registrieren. Es gab ein tolles Abendessen, einen Pikkolo für Jo und sogar eine kleine Schokolade. Im Grunde gab es ein Extra Verwöhnprogramm… Eine Art Abschied von irdischen Genüssen.

Alles schien wie immer, aber tags drauf zeigte sich dieser eine Augenblick, der alles umgestaltet. Mein Liebster war eingeschlafen. Mit sechsundfünfzig Jahren.

HÄNSEL UND GRETEL

Hänsel und Gretel gehen nicht mehr gemeinsam durch den Wald,

seitdem Hänsel vom Universum verschluckt wurde. Der Riss in Gretels Herz ist mit Gold geflickt, doch manchmal blitzt das Loch durch.

Dann wird neu genäht, geflickt und ein schönes, buntes Gewand drübergezogen. So geht das mit der Trauer.

Sie hatten sich versprochen, sich niemals alleine zu lassen… oder hatte nur Gretel das gedacht? Hatte Hänsel nicht immer nur gelächelt? Er wusste, dass Gretel eines Tages alleine würde wandeln müssen, durch die Tiefen des Waldes. Gleichzeitig wusste er aber auch, dass sie es schaffen kann. Wenn eine, dann sie! Morgen war wieder ein Jahrestag um… der dritte… Gretel saß auf dem Sofa und schluckte die Tränen hinunter…sie sollten nicht auf das Gesicht fallen… überhaupt, wieso kamen denn ständig Tränen, wenn sie an Hänsel dachte… er war doch da… unsichtbar, aber doch da….

Erzähl das mal jemand von den anderen da draußen, dachte Gretel, die halten mich noch für spinnert.

Oft hört man ja, dass alleinlebende Menschen mit sich selber sprechen. Gretel sprach aber mit den Tieren, den Pflanzen, Bäumen, Vögeln, Engeln, Hänsel natürlich, sogar mit dem Haus sprach Gretel.

Und alleine? War sie nicht wirklich. Das musste sie sich aber immer wieder selber sagen.

„Du bist nicht alleine, Gretelchen!!" Ok, sie schluckte ihre Tränen runter, lächelte das Foto von Hänsel an, dass sie so liebte und beschloss die Hühnerchen zu füttern und mit dem Hund in den Wald zu gehen. Der Wald war ihr großer Freund. Eher war der Wald eine unbestimmte Anzahl von Freunden, eine riesige Wohngemeinschaft von den unterschiedlichsten Wesen.

Alles ist da eins und lebt in einer großen Gemeinschaft. Die Bäume und Pilze profitieren voneinander, die Büsche und Heilkräuter gehören genauso dazu, wie das Volk, das Menschen meistens nicht sehen können: das kleine Volk der Elfen und Feen und wer da sonst noch so, wie sagt man so nett: *kreucht und fleucht*…Im Wald kam Gretel sich und ihrem Hänsel so nah, am liebsten hätte sie ihr Haus in den Wald versetzt. Das Haus überhaupt, das Haus in der Sonne, war ihre Burg, ihre Festung, ihr Hafen, ihre Heimat und ihr Segen. Das hatte Hänsel vorhergesehen und ihr geschenkt. Niemand würde es ihr wieder nehmen wollen, denn jeder konnte sehen, fühlen und verstehen, dass ihr geliebtes Zuhause auf der guten Erde zu ihr gehörte. Nicht nur, weil sie dort mit Hänsel so glücklich geworden war. Nein, einfach, weil es für sie Schutz und Segen zugleich war.

Dankbar lächelte Gretel und ging mit dem Korb zu den Hühnerchen, um ihnen guten Morgen zu sagen.

DAS HAUS IN DER SONNE

Unser Haus. Es heißt übrigens Haus in der Sonne, weil hier oben die Sonne das ganze Haus flutet, ein Lichthaus ist es! Mein wundervolles Zuhause, meine Burg, meine Erinnerungen mit Jo, den Katzen und dem Hund. Als Jo mich am 18.7.2020 auf diesem für ihn so besonderen Wege verlassen hatte, gab es ein unfassbares Wunder!

Ich hatte damals keinerlei Einkommen. Meine Rente bekam ich erst ab 2022. Mir fiel zum Glück ein, dass wir ja eine Risiko - Lebensversicherung hatten, die meiner Meinung nach zwei Jahre später ablaufen würde. Ich erfuhr, dass es sogar viel eher zu Ende gegangen wäre, genau ein halbes Jahr später, an Jos siebenundfünfzigstem Geburtstag!!

Das Geld wurde völlig komplikationslos innerhalb vier Wochen zu hundert Prozent ausgezahlt. Es gab verschiedene weitere kleine Zahlungen und ich finanzierte mein Leben dank dieser, mehr als gesegnet. Doch mir war klar, dass die Zeit auf einige Jahre eng begrenzt sein würde. Als dann mein geliebter Hund im Mai 2024 überraschend auch verstarb, war ich bereit. Ich war der Meinung, loslassen zu können und beauftragte einen Makler mit dem Verkauf. Dieser Makler tat allerdings absolut nichts, um mein Haus zu verkaufen. Eigentlich sehr in meinem Sinne.

Ich merkte im Laufe der Monate, dass ich überhaupt nicht verkaufen wollte. Ich wollte einfach in meiner Burg bleiben, den vielen Platz um mich genießen und mein Leben gemütlich in meiner Komfortzone zu weiterleben. Die Geldsorgen kamen wie eine kalte Dusche vehement um die Ecke. All meine Bitten an die Engel, mir zu helfen, hier wohnen bleiben zu können, wurden überhört – so schien es mir.

Ich vereinbarte einen Termin auf der Bank, um die Tilgung der Hausdarlehen für drei Monate aussetzen zu lassen, damit mir mehr Zeit bleibt. Meine unmögliche finanzielle Situation drückte mir die Luft ab.

Ich geriet in Panik.

Dann ins Handeln. Ich kündigte dem Makler. Eine Bekannte ermöglichte mir den Kontakt zu einem anderen, sehr versierten Makler, der kurioserweise mit Vornamen Toni hieß, wie ich als Kind. Das erschien mir wie ein Zeichen. Wir vereinbarten einen Termin Anfang Januar. Zuerst kam aber Weihnachten. Den Heiligen Abend verbrachte ich alleine. Wie immer: sehr gerne alleine. Es war tatsächlich der schönste Weihnachtsabend, den ich erlebte. Angefüllt mit einer heiligen Stille, vollkommen ruhig und entspannt, voller Zuversicht und Vertrauen.

Dann folgt natürlich der erste Weihnachtsfeiertag. Mein Erwachen morgens war nicht mehr so still und zuversichtlich, sondern eher mächtig panisch. Um in eine andere Energie zu kommen, fuhr ich gleich vormittags in den Wald und machte einen sehr langen

Spaziergang. Noch am Beginn meiner Wanderung fiel es mir wie Schuppen von den Augen: Es lag natürlich an mir, dass der erste Makler nichts getan hatte. Ich war völlig unklar gewesen die ganze Zeit. Meine Aussage war ständig: "Ich muss verkaufen, aber ich will hier wohnen bleiben!" Die geistige Welt erfüllt uns unsere Wünsche. Aber wie sollte das klappen.

Dann kam mir als nächstes der Gedanke, dass ich von dem riesigen Grundstück völlig überfordert bin und auch wenn ich das Haus selber so liebe, das Grundstück gehört dazu. Mit jedem Schritt merkte ich die Befreiung und das klare Gefühl: DOCH!

Jetzt verkaufe ich, weil ich es will. Die Zeit hier war fantastisch, aber es ist Zeit zu gehen. Daraufhin bekamen die Entwicklungen einen Turbo und ich denke mal, das Frühjahr erlebe ich in einem neuen Zuhause. Wo das sein wird, weiß ich noch nicht, ich habe meinen Auftrag an die Engel rausgegeben. Sie haben mich noch nie enttäuscht und immer nur das Allerbeste für mich erschaffen. Darauf vertraue ich, wie seit Jahrzehnten felsenfest. Jo habe ich im Herzen und egal, wo ich lebe, wir sind zutiefst verbunden.

DIE INNEREN STIMMEN, DAS BAUCH-GEFÜHL ODER ENGEL

Als ich für den neuen Makler verschiedene Unterlagen zusammen in einen Ordner gab, fiel mir ein Schreiben von 1999 in die Hände. Von einer Rentenzusatzversicherung des öffentlichen Dienstes. Wie oft hatte ich es schon in der Hand gehabt, bereit es zu entsorgen.

Irgendetwas hielt mich jedesmal auf.

Dieses Mal nahm ich das Schreiben und dachte, egal ob man mir damals gesagt hat, man müsse 10 Jahre einzahlen, ich ruf einfach mal dort an. Völlig verblüfft bekam ich die Auskunft, dass mein Schreiben einige Tausend Euro wert wäre. Ich habe den halben Tag getanzt und gesungen und mich bei meinen Engeln und Jo und Jesus und Gott bedankt und bei mir! Bei mir, weil ich dankenswerterweise immer auf meine inneren Stimmen höre! Ich hatte auf den Monat genau 60 Einzahlungen geleistet und zwar 5 Jahre, obwohl ich 9 Jahre im öffentlichen Dienst war. Ganz egal, der Brief hilft mir jetzt, bis das Haus verkauft ist! Seit meiner Hinwendung an die Engel, höre ich die leisen Stimmen, die manch einer vielleicht Bauchgefühl oder Intuition nennt.

Ich habe durch unendlich viele besondere Erfahrungen gelernt, darauf zu vertrauen. Es gibt für mich mittlerweile kein: „Das ist ja Quatsch" mehr. Oder: „Das bildet man sich ein!" Es ist so erprobt und klar, dass ich ganz sicher bin: Wir werden hier geführt und beschützt! Es liegt an uns, die Unterstützung anzunehmen und es uns so viel einfacher zu machen. Wie viele Bücher gibt es, die über das Bestellen beim Universum oder schöpferisch kreieren berichten und tausend Tipps geben, wie es funktioniert. Man kann sich also sehr viele Impulse holen, immer vom außen *sich leben lassen…*Oder man beginnt, es selber auszuprobieren. Ich habe damals, so circa 1992, ganz banal angefangen, mir Parkplätze zu bestellen. Dann gute Termine für dies oder jenes. Dann den Mann, also Jo, die Häuser, Autos!

Ich habe immer darauf vertraut, dass all das Erschaffen zu meinem und zum allerhöchsten Wohl geschieht. Dem Licht und der Liebe folgen, was also soll dann Ungutes geschehen. Wenn ein Wunsch nicht erfüllt wird, hat es seinen Sinn für mich. Das Jo und ich nicht zusammen alt werden, akzeptiere ich.

Wir hatten das wohl einst geplant, genauso. Ich denke mal, sonst wäre die Versicherung nicht gewesen, die mich nicht hat Obdachlos werden lassen. Ich vertraue also eher den inneren Stimmen der Engel, als meinem Verstandes-Angst-Denken. Das konnte ich relativ erfolgreich wandeln. Macht ja auch mehr Sinn. Wohin führt uns denn die Angst?

In die Enge, aus der Liebe heraus, ins Dunkle und weit, weit von uns selber weg.

RÜCKBLICK UND ERKENNTNIS: ES GIBT MEHR ALS EIN LEBEN!

Nach drei Jahren Ehe waren Jo und ich soweit, uns zu trennen. Eine Freundin riet uns aber, zuvor unbedingt zu einem Engelsmedium zu gehen. Das taten wir auch, zusammen mit fünf Freunden. Dieses Medium, eine Frau, kannte niemanden von uns. Also auch nichts von unserer Geschichte. Jo glaubte damals noch weniger als Null an Engel, was sich übrigens im Laufe unseres gemeinsamen Lebens änderte, durch die Erfahrungen, die er hautnah miterlebte. Zurück zu dem Termin bei dem Medium: Jo und ich waren zuerst dran, alle saßen wir aber im selben Raum vor ihr am Tisch. Es erschien stimmlich und energetisch ein sehr liebevoller männlicher Engel, namens Emanuel. Er sprach durch dieses Medium, eine ältere Dame. Emanuel sagte uns sofort auf den Kopf zu, dass wir dieses Mal nicht resignieren und aufgeben dürften. Unsere Aufgabe sei, durch alles durchzugehen und zusammen zu bleiben. Woher wusste er denn das von unserer bevorstehenden

Trennung????

Wir waren erschüttert und hörten ihm weiter zu!

Der Engel Emanuel erzählte uns eine Geschichte aus einem unserer früheren Leben. Aha… kann man glauben, kann man für Schwachsinn halten. Aber was er da so erzählte, kam uns so merkwürdig vertraut vor und zwar Jo **und** mir! Daraufhin wollten wir es wissen. Irgendwie. Wir rauften uns zusammen. Das übrigens über viele Jahre. Richtig glücklich oder weitgehend glücklich waren wir erst, seitdem wir hier im Haus in der Sonne wohnten. Irgendwann im Laufe all der Jahre wurde uns noch ein anderes Leben offenbart!

Klar war, und was nicht nur 2010 auf dem Quanten Seminar bei Andrew Blake im Podium herauskam, hatte ich früher als Kräuterfrau ein Leben gelebt. Im Mittelalter gab es die Hexenverbrennungen. Man nennt das so beschönigend: Inquisition. Dank der Kirchen nebenbei bemerkt.

Jo, damals als Mönch, hatte eines Tages den Auftrag, meinen Scheiterhaufen anzuzünden. Im Moment seines Feuerzündelns erkannte er den fatalen Fehler und schwor mir, alles eines Tages wieder gut zu machen. Als ich das *erfuhr*, zog ich ihn oft damit auf. Liebevoll, auch mal als Satire angelegt, aber wir mussten beide immer lachen. Jo hat nie einen gelebten Glauben gehabt, er betonte grundsätzlich, Naturwissenschaftler zu sein. Allerdings lebte er wie ein Christ. Er war zu hundert Prozent auf den Spuren von Jesus, ohne das je so zu benennen. *Der kleine Bruder von Jesus* sagte ich öfter zu ihm.

Sagte man ihm, er wäre ein absoluter Christ, lächelte er nur. Man muss nicht in einer Kirche sein oder einer Religion angehören, um Christ zu sein. Jo war die pure bedingungslose Liebe, pure Vergebung und ein unfassbar leuchtendes Licht. Das erkannte nicht jeder. Ihm war das völlig egal. Jo ließ immer alle Menschen sie selber sein. Er wollte niemanden ändern und ein Satz von ihm, ist für mich wie in Gold gehüllt. Hilft mir häufig und weil er so überaus wichtig und segensreich ist, gebe ich diesen jetzt weiter!

Wenn Menschen Verhaltensweisen haben, die unverständlich und verletzend sind, können sie oft nicht anders. Der Satz von Jo dazu lautete:

„Wenn sie anders könnten, würden sie anders handeln!"

Jeder kann nur so sein, wie er kann. Man darf die Dinge nie persönlich nehmen. Wenn dich ein anderer Mensch verletzt, verletzt er im Grunde immer sich selbst. Dank der Erkenntnis, die Jo mir schenkte, veränderte sich komplett meine Haltung. So viel mehr Mitgefühl und Verständnis zog in mir ein. Täglich noch packen sich Geschenke aus, die Jo mir dagelassen hat. So eine Weisheit!

Zurück zum weisen Mönch und seinem Versprechen:

Ich sagte Jo (zu meiner tiefen Freude noch zu seinen Lebzeiten), dass er seinen Schwur, den er mir als Mönch am Scheiterhaufen gab, zu mehr als hundert Prozent eingelöst hat.

Ich sagte es ihm auch durch den Schleier, der uns nun trennt, vermeintlich trennt. **Es gibt mehr als ein Leben.**

Umso wichtiger ist es, ständig dem Pfad der Liebe und des Lichts zu folgen. Was nicht heißt, auch mal schimpfen zu dürfen. Wut oder Ärger, Trauer, alles gehört zum Mensch sein dazu. Aber es ist wichtig, sich bewusst zu machen, dass wir Licht und Liebe sind. Darin enthalten ist auch die Botschaft: Das wir sehr machtvolle Wesen sind, denn ist es nicht so: Liebe ist Alles Alles ist Liebe!

WIR SIND AUS LICHT

Großartige Vorstellung, oder? In spirituellen Kreisen wird diese Behauptung zurzeit intensiv publiziert. Doch was kann man drunter verstehen? Tja, nun sitze ich hier, mit oder ohne Talent, und überlege, wie ich das beschreiben, formulieren kann. Zuallererst ist das nur ein Satz. Den gilt es fühlbar zu machen. Dazu hole ich etwas aus.

Als Mensch, mit über siebzig Prozent Wasser im Körper, sind wir Elektromagnetische Wesen. Das kann man im EEG (Gehirnstrommessung) oder im EKG (Elektro-Kardio-Gramm – also der Messung der Herzaktivität) sichtbar machen. Strahlung existiert also nicht nur im Handy oder durch Funkmasten. Wir selber strahlen.

Uns umgibt eine Aura, die je nach Zustand unseres psychischen und körperlichen Seins, in unterschiedlichen Farben leuchtet. Das kann man sich vorstellen, wie ein Regenbogen. Diesen sieht man auch nur, wenn die Lichtreflexionen bei Regen und Sonnenschein perfekt passen. Dann taucht er auf, der Regenbogen! Mal stärker, mal sogar doppelt, mal schwach. Verschiedene Apparaturen, wie die sogenannte Aura Fotografie zeigen erstaunliche Farben um uns herum. Licht sichtbar gemacht!

Es gibt viele Menschen, die die Aura anderer Menschen oder die Aura um die Natur herum, wie bei Bäumen und Pflanzen, sehen können. Mir ist das zurzeit nicht gegeben. Ich fühle eher.

Allerdings ist das nicht gemeint, bei dem Satz: Wir sind Licht und Liebe. Das geht viel weiter und meint unser ursprüngliches Wesen.

Als meine Tochter zur Welt kam und ich sie in den Armen hielt, war es wie ein Wiederkennen. Ich sah in ihre großen, blauen Augen und sie schaute mich sehr ernst an.

„Da bist du ja wieder!"

Diese Gedanken hatte ich im Kopf und auch nie vergessen. Ein Wiedererkennen, womit wir eigentlich im Kapitel: „Es gibt mehr als ein Leben" wären. Diese Ernsthaftigkeit von ihr, diese Klarheit in dem Blick des Kindes, dieses merkwürdige Gefühl von einem uralten, lichtvollen Wesen, erlebte ich etliche Jahre später wieder, als ich ein neugeborenes Kind im Arm hielt. Soeben zur Welt gekommen, erreichte der Blick mein Herz und ich spürte die Anwesenheit Gottes. Bei Neugeborenen ist eine unglaubliche Energie mit ihnen. Sie haben von der Ebene unseres wirklichen Zuhauses in die Ebene der Erde zu einem vorrübergehenden Leben gewechselt und sind einfach pure Liebe und pures Licht. Anders kann ich es nicht ausdrücken. Vielleicht kennst du das?!

Wenn wir verliebt sind, haben wir quasi Flügel. Wir schweben durch die Tage, alles scheint zu vibrieren und wir leben im besten Fall die pure Liebe. Alle unsere elektromagnetischen Zellen sind auf hundert Prozent und wir im Besitz all unserer Kraft. Wenn wir traurig sind, hängen die Flügel, die Zellen sind wie lahmgelegt und wir haben für nichts wirklich Energie. Diese unterschiedlichen Seins-Zustände werden durch unsere Emotionen also massiv beeinflusst.

Leuchten oder nicht leuchten.

Lieben oder nicht lieben.

Doch was hat das mit dem: Wir sind Licht und Liebe zu tun.

Für mich sieht es so aus, als wüssten wir in den glücklichsten Momenten, dass wir pure Liebe sind. Wenn wir depressiv oder sehr traurig sind, ist keinerlei Liebe mehr fühlbar. Dann fühlen wir uns nicht verbunden, sondern alleine und getrennt von allem. Lassen wir uns tiefer hineinschauen in unser SEIN

DER TROPFEN IST EIN TEIL DES MEERES

Ein Besuch, eine Stippvisite, aus der Sicht des Augenblicks. Gott, oder das große Ganze, das sind wir alle. Wie das Meer. Der Ozean. Alle einzelnen Tropfen ergeben zusammen das Meer. Jede einzelne Welle ist trotzdem das Meer. Eines Tages beschließt ein einzelner Tropfen, das Meer zu verlassen. Er bleibt immer ein Teil des Meeres, selbst wenn er verdunstet oder am Strand einfach vertrocknet. Anders betrachtet:

Wenn ein Laubbaum im Frühling wieder Blätter austreibt, kommen diese alle aus dem Baum heraus. Sie sind ein Teil von diesem Baum. Fällt ein Blatt vom Baum, ist es immer noch ein Teil vom Baum. Nicht mehr am Baum. Aber es stammt von ebendiesem Baum. Genau wie im Herbst, die Blätter fallen. Sie sind alle Teile des einen Baumes.

Sehr abstrakt der Vergleich ich geb's zu. Ich wollte einen kurzen Umweg machen, da es mir wirklich schwerfällt, das alles, was ich fühle und erlebe, in Worte zu kleiden. Oft sind Worte so angreifbar. Einmal ausgesprochen oder aufgeschrieben, unterwerfen sie sich häufig der Meinung anderer. Da jeder Mensch die Welt im Zusammenhang mit seinen eigenen Erfahrungen, Erlebnissen und erworbenen Glaubenssätzen und Mustern betrachtet, knüpft mein eigenes Erleben und Fühlen nicht immer an das eines anderen an. Selbst unter spirituellen oder naturverbundenen Menschen, besteht sehr oft eine gravierend unterschiedliche Denk- und Handlungsweise. Ein Baum, um bei diesem Beispiel zu bleiben, sieht für mich komplett anders aus, als für einen anderen Betrachter. Ich sehe vielleicht vor allem das Baumwesen, spüre die Energie, bin vor Demut und Dankbarkeit versunken in diesen großartigen, äußeren Ausdruck Gottes. Meine Freundin neben mir, betrachtet unterdessen die Blätter, überlegt, ob sie ein Foto macht oder möchte den Baum im Ganzen mit seiner uralten Rinde einfach nur als ein Baum im Wald bewundern. Einer sieht am Baum die knorzige Rinde, der andere die schönen grünen Blätter, die nächste sieht die Äste und ein ganz anderer den Himmel durch die Baumkrone.

Jeder würde ein anderes Foto aus einer vermutlich ganz anderen Perspektive machen. Wenn wir denken, dass wir denken, setzen wir doch häufig voraus, dass der Mensch neben uns, uns sofort verstehen müsste.

Da war Jo ein guter Lernpartner für mich. Denn er hinterfragte meine Aussagen. Er wollte wirklich wissen, wie er Dinge verstehen und dann einordnen kann. So lernte ich nebenbei, dass eins und eins nicht immer zwei sein müssen. Oder dass die Aussage: „Ich fühle diese oder jene Energie" beim anderen Menschen als Worthülse ankommen kann Weil dieser mit dem Wort: Energie nichts anzufangen weiß. Wir merken nicht, dass wir alle aus Energie und Licht bestehen. Wir merken nicht und wir fühlen auch meistens nicht, dass wir Liebe sind.

Wir sind elektromagnetisch

Wir bestehen unter anderem aus Protonen. Schade, dass Albert Einstein uns das gerade nicht erklären kann. Unsere biologischen, technischen und elektromagnetischen Felder, die uns ausmachen sind da, das ist ein Fakt. Nicht zu sehen, anzufassen, weder zu riechen noch zu schmecken. Sie sind gelegentlich zu spüren, für manche zu sehen. Aber es ist völlig egal, ob du daran glaubst oder nicht: Man kann es heutzutage messen und darstellen. Heißt auch: wir müssen das nicht glauben, es ist aber genau so!

Es gibt, wie wir allerdings ohne Zweifel wissen: künstliche Felder und Strahlungen, mit biologischer Wirkung. Dann gibt es die biologischen, normalen Felder. Wie unser Sonnenlicht. Mit allen Anteilen vom Ultraviolettlicht, dem sichtbaren Spektrum der Farben und dem Infrarotlicht. **Ohne Licht gäbe es kein Leben!**

Ein normales biologisches Kraftfeld ist das Feld unserer Erde ebenfalls. Das Erdmagnetfeld. Davon liest man in unserer Zeit oft, im Zusammenhang mit den ganzen Strahlen aus dem Universum und den Sonneneruptionen. Dem geschwächten Erdmagnetfeld oder der vermeintlich geschwächten Ozonschicht um die Erde. Alles Energie, die wir nicht sehen, aber messen können. Alle diese elektrischen Felder erzeugen Energie. Das hört man im Zusammenhang mit der schädlichen Strahlung durch Handymasten, vom Handy, WLan und anderen.

Wenn du Interesse hast, mehr darüber zu lesen, findest du einen weiterführenden Link zu einer interessanten Webseite im Literaturanhang. Der deutsche Physiker Fritz Alfred Popp schrieb schon vor vielen Jahren über die Wichtigkeit von Licht in biologisch erzeugten Nahrungsmitteln. Die Lichtenergie ist ein Teil in Lebensmitteln, die uns Kraft gibt.

Sein Ansatz: Zitat: *Mit der Nahrung nehmen wir gespeichertes Licht auf, das unsere Zellen brauchen, um sich mit Lichtquanten (Photonen) Signale zu funken zu können-* Buchtipp für weitere Information in der Literaturliste.

Also, wir sind Licht und brauchen im Essen Licht. Macht irgendwie Sinn. Genau wie der sogenannte Sonnengruß beim Yoga. Auch meine Hühner wissen offenbar, wie wichtig Licht ist. Sie stehen bekanntermaßen mit dem Licht auf und gehen vor Sonnenuntergang schlafen.

Ganz im Gegensatz zu Karlsson dem Steinmarder im Hausdach, der geht bei Dunkelheit raus. Eine meiner Hennen sitzt morgens sehr gerne auf einer Kante der Bank im Garten und schaut gedankenverloren in die Sonne. Keine Ahnung ob sie weiß, dass man so Vitamin D3 tanken könnte. So, nun wissen wir also mehr von der erdgebunden elektromagnetischen Energie, die wir sind.

DAS LEBEN IST EIN SPIEL

Zurück in den großen Teich! Gedanklich natürlich. Stell dir vor, wie die Zeit gewesen sein könnte, als nicht verkörpertes Wesen. So dies eben möglich ist. Die Fantasien gehen ja weit auseinander.

Aber nehmen wir einmal an, wir hätten vor uns ein Spielfeld und wären der Mensch, der dies Spielfeld in Händen hält und die Regeln

122

bestimmt. Ist doch relativ einfach, oder? Meine Eltern und wir Kinder haben oft das sehr bekannte Brettspiel: *„Mensch Ärgere dich nicht"* gespielt. *Ein Brettchen, Felder für die Spielfiguren, Spielfiguren, Würfel.*

So weit so gut. Nun beginnt die Fantasie-Reise

Gott oder die höhere Instanz, wie immer du den Schöpfer, die Schöpferin nennen möchtest, ist alles was ist. Alle Tropfen im Ozean sind zusammen Gott. Gott in der Summe ist vielleicht langweilig und er/sie möchte ein Spiel spielen. Wie wäre es, wenn wir das Spielfeld verlassen und etwas Neues ausprobieren. Es gibt Zustimmung und Widerspruch. Doch die Gesamttropfen, fast der ganze Ozean sind für ein neues Spiel bereit. Das, obwohl das Spielfeld und damit der ganze Ozean ein friedlicher Ort der bedingungsloser Liebe ist! Wie kann eine da langweilig sein. Ist ja nur ein Gedankenspiel. Weiter geht's:

Es wird geplant und organisiert. Manche Tropfen aus dem Ozean sind mächtig abenteuerlich und stehen schon bebend am Spielfeldrand. Die anderen Tropfen organisieren noch Transfergelegenheiten zur Rückkehr. Der Chef mit dem größten Überblick im Ozean, nachfolgend der Einfachheit Gott genannt, fügt dem neuen Spiel unzählige neue Figuren hinzu. Man nennt sie Engel. Sie sind unsichtbar und geraten meistens in Vergessenheit, sobald die Spieler das Spielfeld verlassen.

Das Ziel des Spieles soll sein, diesen Ort der Liebe und des Friedens vollkommen zu vergessen und nach unzähligen Spielzügen wieder zu erinnern. Die Transfergelegenheiten sind die Tode, die wir erleben. Damit wir das Spiel neu beginnen können. Immer wieder neue Chancen, sich dem Ziel zu nähern. Frieden und Liebe zu leben. Gespielt wird mit fairen oder unfairen Methoden. Es ist alles erlaubt und Gott urteilt über keinen Spielzug. Er beobachtet nur und weiß genau: Am Ende sind sie wieder in der Liebe und im Frieden angekommen. Dauer des Spieles: Ein Wimpernschlag oder Millionen von Jahren.

Je nach Blickwinkel.

Man könnte auch ein wenig Ähnlichkeit mit dem Spiel Monopoly erkennen. Es geht doch immer auch um materielle Werte, sagen wir es, wie es ist: um Geld. Das erzeugt im Spielfeld Kriege, Manipulation, Macht und Ohnmacht. Damit es nicht zu offensichtlich wird, fügten die Spielerdenker noch Intrigen, die Sucht und Suche nach Sex und dem schnellen Vergnügen, dem Seelenlosen, die Religionen und Krankheiten hinzu. Ach, nicht zu vergessen: Arbeit, Knechtschaft und ungleich verteilte Reichtümer, die Pharmaindustrie und tausende Perpetuum mobiles. Dies sind genial erdachte Schlachtpläne für verschiedene Spielzüge, wie eine Pandemie oder Mangel an Energieträgern.

Scheint ein wirklich interessantes Spiel zu sein, oder? Genau das, was wir hier leben, erleben und in dem wir zurzeit mittendrin stecken.

Manch einer hat es als Hologramm enttarnt, als Matrix, in der wir leben, so lange wir dran glauben.

VOM SPIELFELD IN DIE VERMEINTLICHE REALITÄT

Irgendwann wurde das gerade erdachte Spiel vorgestellt und auf den Markt, beziehungsweise in die Welt gebracht. Das, was wir Inkarnationen nennen, begann. Inkarnation kommt von: in Carne, also, *ins Fleisch kommen*. Stell es dir ruhig weiterhin als Spiel vor, das ist nicht ganz so abstrakt. Nach und nach verließen die Tropfen, nun als Spieler, den Ozean und begaben sich auf eine lange, lange Reise. Zwar gab es die Transfergelegenheiten, aber nur auf eine Zwischenstation.

Ganz zurück würde es erst gehen, wenn das Ziel von ALLEN erreicht wäre. Sie nannten die Spielfiguren: Menschen und die Reise: Leben

Sie spielten LEBEN. Leben auf der Erde. Dazu wurden Gruppen gegründet. Familien die sich Seelenfamilien nannten. Sie würden sich über sehr viele Leben, also Spielzüge, immer wieder treffen. Wenn ein Spieler als Mensch auf das Spielfeld (die Erde) wollte, suchte er sich aus der Seelenfamilie Mitspieler aus. Sie gaben sich selber die Aufgaben, verschiedene, vordefinierte Dinge zu lernen, Fehler wieder gut zu machen, Streit in Harmonie zu bringen, so viel dazuzulernen, wie es möglich war. Das kam dann den nächsten Leben zugute. Sie taten sich böse Dinge an, nur um vergeben zu lernen.

Manchmal warfen sie sich gegenseitig oder selber vom Spielfeld. Nur um kurz darauf ein neues Spiel mit den bekannten oder neuen anderen Spielern zu beginnen. Immer mit dabei waren die Engel. Wie Bodyguards, also, Schutzengel. Diese kannten alle vorher gegangenen Spielzüge und den großen Plan. Im Laufe vieler Millionen von Jahren kamen alle dem Ziel immer näher: zurück zu Liebe und Frieden. Denn was alle wussten: *Wir sind Licht und Liebe und unser einziges Ziel ist es, das wieder zu erkennen und sichtbar zu machen.*

Dieses Ziel ist jetzt in die Nähe gerückt. Millionen Menschen sind bereits auf dem Weg der Liebe. Keine Umkehr mit möglich. So, wie bei einer Fernbedienung für den Auslöser einer Bombe. Gestartet und die Zeit läuft nun quasi rückwärts. Bis zum Nullpunkt. Zack: die Liebe ist sichtbar, wie die Explosion der Bombe. Ziel erreicht. So wird Jesus praktisch IN UNS wieder geboren. Denn die Liebe kommt nur aus unseren Herzen heraus wieder in die Welt.

Sie wächst durch Mitgefühl, Dankbarkeit, Vergebung, Demut und breitet sich aus, enttarnt sich als die Liebe, die wir einst waren: Bedingungslos und allumfassend.

Ein wundervoller Gedanke, oder? Diesen kann man gelegentlich fast greifen.

Wenn alle Menschen sich besinnen, wieder erkennen, dass das Einzige, was wichtig im Leben ist: LIEBE und FRIEDEN sind, wäre sofort das Ziel des Spieles erreicht. Keine Angst mehr zum Zwecke der Manipulation, keine Ohnmacht mehr, keine ungleiche Verteilung, kein Opferdasein. Einfach nur Liebe pur und dass das Frieden mit sich bringt, fühlte ich gerade beim Schreiben. Und ich fühle es immer im Wald.

MEIN ERLEBEN MIT DEM VERMEINTLICHEN TOD

Es gab einige Menschen und geliebte Tiere, deren Sterben ich unmittelbar erlebte. Ich nahm jedesmal bei Mensch oder Tier einen so unfassbar schönen Frieden wahr, dass der sogenannte Tod seinen Schrecken verlor. Denn ich fühlte es: Die Seele verließ den Körper. Um bei der Fiktion zu bleiben, vom vorherigen Kapitel: der Spieler verließ einfach mit dem Transferticket das Spielfeld und ging raus aus dem Spiel.

Als im Oktober 2000 meine geliebte alte Katze Lena starb, im Kreis unserer vier anderen Katzen, unseres Hundes (damals Nelson) und uns, war dieser Frieden greifbar. Lena schlief auf meinem Arm gegen Mitternacht ein. Ganz still verließ ihre Seele ihren kleinen Körper und mein Kater Merlin, der sie so heiß und innig geliebt hatte, machte sehr große Augen und sprang auf einen Stuhl, stieg auf die Lehne und wollte oben zur Terrassentür kraxeln. Da fiel mir ein, dass Lena, die ihren Körper gerade verlassen hatte, noch nicht realisierte, dass sie als Energieform einfach durch die Tür raus könnte und ihr Seelchen da wohl oben an der Terrassentür schwebte. Merlin sah sie. Tiere können das, was die Allermeisten von uns nicht können.

Wir öffneten die Tür, Lenas Energie/Seele war sofort weg, als wäre sie zur Tür hinausgegangen, was sie ja auch tat, in unsichtbarer Form. Sie war frei und Merlin legte sich wieder hin.

Das nächste Beispiel für die befreite Seele war meine Freundin Eva, die 2004 an einem sonnigen Sonntagnachmittag ihren Körper (also das Spielfeld per Transfer) verließ. Ihre Partnerin und ich saßen im Palliativ Hospital an Evas Bett. Als diese ihren letzten Atemzug in ihrem Erdenkörper geatmet hatte, verließ sie ihren Körper wie ein Engel schwebend, was man in dem Sonnenlicht, welches ins Zimmer durch den beigefarbenen Vorhang sehr diffus schien, äußerst gut sehen konnte. Wir sahen es beide, die Partnerin von Eva und ich. Das war dermaßen berührend, dass eine intensive Gänsehaut samt Tränen nicht aufzuhalten war. Der Frieden auch hier fast stimmgewaltig, greifbar. Wie soll man das beschreiben.

Es gab leider zwei Tiere, die eingeschläfert werden mussten. Aber auch hier, Liebe und Frieden im Übermaß. *Als wäre es das Geschenk im Austausch. Jemand geht, lässt dafür aber Frieden und Liebe da. Wie eine Erinnerung an das wirkliche Sein und als Trost.*

Sicherlich ist das nicht immer bei jedem so, aber ich hörte es schon von vielen Menschen, die auch bei Tier und Mensch diese berührende Erfahrung gemacht hatten.

Als Jos Lieblingskatze mit siebzehn Jahren in meinen Armen starb, war der Frieden genauso, wie bei meiner Lena oder auch wie bei meiner Oma, die mit fast sechsundneunzig Jahren mittags um zwölf Uhr ihren Körper verließ.

Es kann kein Zufall sein, das Frieden und Liebe sich dann so zeigen.

Bei Jo war es mir nicht vergönnt, jedenfalls nicht im Moment seines Todes, denn er starb in der Nacht. Unbemerkt, still, so bescheiden, wie er lebte. Aber auch sein Gesichtsausdruck war voller Frieden.

An meiner Peripherie, also äußerlich akzeptierte ich seinen Tod sofort. Ich war mir bewusst, dass er so einen Weg gewählt hat und konnte das für ihn verstehen. Meine Traurigkeit und mein Schock waren danach eine andere Sache. Zuerst ging es darum, dass Jo nicht denkt, dass er wieder im Koma liegt, wie dreiunddreißig Jahre zuvor, bei seinem Motorradunfall.

Als ich am Tag nach dem für mich entsetzlichen Ereignis duschte, und mir die Tränen überliefen, nahm ich auf einmal die Stimme von Jo wahr. Er sprach zu mir und es gab für mich nicht einen Bruchteil einer Sekunde Zweifel, dass er es war/ist. Die Worte, die er sprach, gehören mir und nicht in dieses Buch.

Aber unsere Kommunikation ging über Wochen.

Meine Mutter, die von Freunden zu mir gefahren wurde und die in Jos Bett schlief, *sah* Jo jeden Abend. Er wollte immer in sein Bett. Sie nahm ihn wahr und sagte zu ihm: „Geh nach unten, zu Leela" und:" Jo, du bist leider gestorben".

Auf meinen Gassigängen mit dem Hund sprach ich mit Jo und nach einer Woche hatte er verstanden, dass er seinen Körper verlassen hat. Die Worte, die er zu mir sprach, waren zuerst Verwirrung, dann Trost und später nur noch Liebe und Fürsorge. Bis Jo verstanden hatte, dass er gestorben war, quasi das Spielfeld verlassen hatte, saßen täglich bis zu hundert Krähen auf dem Hausdach und in den nahegelegenen Bäumen. Sie machten ein unfassbares Spektakel. Krähen und die meisten Tiere sehen Verstorbene und deren Seelen.

Menschen können das auch, aber sicher eher wenige. So, wie wenige Menschen die Aura um uns herum oder in der Natur sehen können.

Nach jetzt bald fünf Jahren, ist der Kontakt eher ohne Worte, immer noch da. Sobald ich ihn als Jo rufe, ist er fühlbar mit einer tiefen Liebe da. Selbst wenn ich jetzt unser Haus verlassen werde und woanders hinziehe, Jo im Herzen geht mit, keine Frage. Liebe ist nicht an einen Ort gebunden. Oder eher: Liebe ist im Herzen. Liebe bleibt. Liebe ist von da, wo wir herkommen das Einzige was zählt.

WIR SIND LICHT UND LIEBE

Jo ist wieder zu Licht geworden. Pures Licht und Liebe. Das sind wir alle. Hier auf dem Spielfeld Erde sieht man es nicht, weiß man es nicht, hat es vergessen. Deshalb ist es in der jetzigen Zeit das Allerwichtigste, zu verstehen, dass wir ALLE Licht und Liebe sind. Je eher wir das als Tatsache und sei diese noch so abstrakt, akzeptieren, desto schneller kann das Spiel sich dem Ende zuneigen und ALLE Tropfen wieder in den großen Ozean zurückkehren:

Spiel fertig, Ziel erreicht: wir sind wieder Licht und Liebe! Dann wird die Erde wieder ein Ort sein, auf dem es sich zu leben lohnt. Denn man muss das Spielfeld nicht verlassen, selbst, wenn das Ziel erreicht ist. Wir dürfen das Spiel und den Sieg auch nach Herzen genießen.

Es ist Zeit. Zeit das alte, Jahrtausendealte Spiel zu beenden.

Neue Spielregeln zu erstellen vielleicht sogar, oder einfach Liebe und Frieden genießen.

Je nach Lust und Laune.

Mein persönlicher Werkzeugkasten für das Leben

Im Laufe meines Lebens habe ich verschiedene Strategien entwickelt oder übernommen, die ich so hilfreich finde, dass ich sie hier jetzt gerne teile. Aufgrund meiner Hochsensitivität wurde oder wird mir verschiedenes sehr schnell zu viel. Nicht nur dann ist es überaus hilfreich, NEIN sagen zu lernen!

Frei nach dem Motto: „**<u>Nein!</u>**" ist ein ganzer Satz!

Wenn es sich nicht gut anfühlt in mir, ich eine Art Abwehr spüre, bevor ich innerlich das **nein** merke, schaue ich hin, was sich zeigen möchte. Mit etwas Übung wird es schnell klar, wo die Reise hingehen soll.

Beispiel:

Ich werde eingeladen, fühle jedoch gerade ein Bedürfnis, mit mir alleine zu sein. Würde ich die Einladung nun annehmen, bin ich dort eventuell schlecht gelaunt, lustlos, müde oder unruhig und sitze wie auf glühenden Kohlen. Hinterher bedauere ich, die Einladung angenommen zu haben. Kopf- oder Bauchschmerzen, Unlust für den Rest des Tages können sich zeigen.

Selbstfürsorge würde mich so handeln lassen:

Ich spüre hinein in die Einladung, fühle Leichtigkeit und Freude, nehme ich sie an. Das Erspüren erlebe ich so: meine Schultern sinken eventuell ab oder meine Stimmung ändert sich schlagartig. Spüre ich eine gewisse Enge oder Schwere, eine Müdigkeit alleine schon bei dem Gedanken an diesen Termin, sage ich ab. Ich persönlich finde es als wertvoll, Dinge, die von außen kommen, also mit anderen Menschen zu tun haben, mit Terminen und gesellschaftlichen Angelegenheiten, zu überprüfen. Nicht etwas nur machen, weil man das schon immer so gemacht hat! Will ich das, kann ich das, ist es gut für mich, kann ich Freundlichkeit und Liebe beitragen, kann ich mir selber damit Gutes tun, kann ich dem anderen Gutes tun, ohne mich zu vergessen? Natürlich schließt das nicht aus, jemanden mal einen Gefallen zu tun, aber nie gegen sich selber dabei handeln. Man könnte die Umstände dann so regeln, wie es für alle passt. Außerdem empfinde ich es ebenfalls als Wertschätzung für den/ die anderen Menschen, mit dem ganzen Herzen dabei zu sein.

Es ist und wird immer wichtiger, authentisch zu sein und zu bleiben.

Um Aufmerksamkeit zu bekommen, inneren Mangel auszugleichen, Liebe und Zuneigung zu erhalten, erlauben Menschen oft Ausbeutung im Umfeld. Natürlich auch Manipulation von der eigenen Seite.

Ausgenutzt werden: Man lässt sich ausnutzen, lässt andere die eigenen Grenzen überschreiten. Das erlernten wir tatsächlich in der Kindheit. Wenn ich ein braves Kind bin, bekomme ich Liebe, Aufmerksamkeit (gleich Zuneigung) und Anerkennung. Wenn ich ein störrisches Kind war, Dinge anders machte, als die Eltern, wurde ich bestraft. Ganz normal fast schon: nur wenn man krank war, bekam man Liebe und Zuwendung. Daher ist es im Verlauf des Lebens so: Krankheit als Gewinn von Zuwendung und Aufmerksamkeit. Nennt man dann Krankheitsgewinn. Auch im Erwachsenenalter ein erprobtes Mittel andere Menschen quasi zu erpressen, liebevoll und sanft mit dem Kranken umzugehen. Unbewusst oder bewusst. Das *leben* Millionen von Menschen täglich. Ist ja auch ein einfaches Mittel, denn für Krankheit können wir doch nichts, oder? Ja, habe ich auch durch. Irgendwann fiel mir das auf!

Statt sagen zu wollen: „das kann ich nicht, ich bin krank", lernte ich zu sagen: **„Nein, das will ich nicht"**. PUNKT! Was ein Prozess! Wichtig, gut und mit sehr viel SelbstFürsorge im Gepäck. Dazu sagt Robert Betz folgendes auf Facebook am 15.1.2025:

Über die Sucht, von anderen geliebt zu werden

In unserer Kindheit brauchten wir die Aufmerksamkeit von mindestens einem Menschen. Ein Kind will gesehen, bemerkt, angesprochen und berührt werden. Ohne dies kann es nicht überleben. Diese Aufmerksamkeit ist Nahrung für das Kind.

Da niemand von uns in seiner Kindheit satt geworden ist von der Nahrung ‚Aufmerksamkeit‘ oder Liebe, sondern sich oft kritisiert, herabgesetzt und beschämt fühlte, sehnt sich das Kind im Erwachsenen immer noch nach Wertschätzung, Anerkennung, Lob und Bestätigung von anderen. Hierbei verbiegen sich viele, opfern sich für andere auf und versuchen, es möglichst vielen recht zu machen und verraten dabei ihr Herz. Die Sucht (=Suche und Flucht) nach der Liebe von Anderen ist die größte aller Süchte, die den äußeren Süchten zugrunde liegt. Der Hunger nach Liebe ist ihre treibende Kraft. Fange an, dir selbst die Aufmerksamkeit und Liebe zu schenken, die du dir von anderen wünschst. Suche Liebe nicht im Außen, sondern finde sie in deinem Innern. Liebe dich selbst wie deinen Nächsten, denn dein Herz weiß:

Wir alle sind aus der Liebe geboren, wir sind EINS.

So entsteht der Frieden in dieser Welt und die Süchte finden ein Ende. Zitat Ende

Viele Erkrankungen können so in die Heilung gehen, sicherlich nicht alle. Aber ein Beginn, sich um sich selbst zu kümmern und zu sich und den eigenen Bedürfnissen zu stehen, ist doch nie verkehrt, oder? Passt ja hervorragend und ist sehr stimmig, siehe mein Kapitel: Das Leben ist ein Spiel.

Diese uralten, erlernten, auch von der Herkunftsfamilie übernommenen Glaubenssätze und Verhaltensweise dürfen überprüft und gegebenenfalls über Bord geworfen werden. Ausgetauscht gegen einfache Erkenntnisse. Wie in dem Satz, Grenzen liebevoll zu setzen:

*Nein, mag ich nicht, ist nicht meins. **Heißt nicht gegen dich, sondern einfach nur: für mich**!* In meinem Buch **Nebel im Kopf** habe ich als Zitat am Anfang eine wichtige Unterstützung für das Leben geschrieben. Eine Heilpraktikerin, bei der ich etliche Ausbildungen genießen durfte, prägte diese Erkenntnis.

Wenn du wissen willst, was du wirklich willst, schau dir dabei zu, was du tust! Ula Kinon

TRANSFORMIEREN VON BLOCKADEN, ÄNGSTEN, HERAUSFORDERUNGEN

Ich hatte schon vom Quanten Seminar bei Andrew Blake diese Episode mit mir als Kräuterfrau erzählt. Die Methode des „sogenannten" Quantens, ist ja nicht neu. Für mich war sie, wie beschrieben, quasi ein Geländer für meine Medialität. Nicht nur, wenn man medial ist, ist diese Methode hilfreich. Deshalb beschreibe ich dir in meinem persönlichen Werkzeugkasten eine leichte Auflösungsmethode für Herausforderungen. Hier und da zwickt oder zwackt es im Gebälk. Kommt vor. Mal der Rücken, mal der Nacken. Es zwickt gerne einmal, wo man seine Schwachstellen, beziehungsweise Blockaden hat. Der Sinn dahinter ist von der Seele her, die Erinnerung daran, hinzuschauen, was wir hier auf der Erde auf dem Weg zur Liebe, auflösen wollten. Wenn mir etwas weh tut, hilft mir in neunzig Prozent der Fälle dieser Satz:

„Alles was mit diesen Schmerzen zu tun hat (dabei liegt, wenn möglich die Hand auf der schmerzenden Stelle), ist JETZT BEREITS GELÖST, GE-HEILT UND TRANSFORMIERT! **FERTIG!**

Kommt bei mir keine Besserung, stelle ich eine Frage, die meine Seele oder mein Körper mir auf verschiedene Weisen beantworten. Das klappt immer, vorausgesetzt, man will die Antwort auch hören. Die Frage, man könnte auch sagen: Absichtserklärung:

„Ich finde JETZT in meinem reinen Geistfeld den Lösungspunkt für diesen Schmerz (dieses Problem/ diese Situation).

Meistens fällt einem direkt etwas ein, das dann eine Antwort sein kann. Bei mir waren es oft verschiedene Ängste. Meistens materieller Art, wie Geldsorgen oder Ängste, dass der Sturm hier die Bäume umfallen lässt. Also, ganz irdischer Kram.

Unnötig, aber da! .Gehört wohl zum Spiel!

Hat man den richtigen Lösungspunkt vor Augen, sagt man wieder:

Dieser Lösungspunkt ist JETZT BEREITS GELÖST, GEHEILT UND TRANSFORMIERT.

Ich schreibe das in Großbuchstaben, weil man es mit Nachdruck und sehr entschieden, bestimmend sagt! Gerne auch Laut. Diese einfache Transformation liegt mir sehr, hat IMMER geholfen und da ich alle einfachen Dinge, wie auch Humor sehr liebe, lade ich dich ein, es einfach bei nächster Gelegenheit selber zu testen.

SELBSTFÜRSORGE

Als hochsensitiver Mensch lernt man im Laufe des Lebens, sich abzuschotten und oft zurückzuziehen von der Welt. Diese ist einfach zu laut, zu grell und zu viel. Obwohl man ja selber zu viel sein kann. Das alles da draußen ebenfalls zu viel sein kann, schließt sich doch nicht aus. Wie geht man mit dem Leben um? Durch eine Erkrankung, die vieles nach sich zog, auch die verschiedenen Erkenntnisse, wie den Krankheitsgewinn oder das ich tatsächlich hochsensitiv bin und alles in einer Überdosis empfinde, habe ich mir etliche Strategien erschlossen, die mir mein Leben extrem erleichtern.

Da hätten wir dann zu allererst die Selbstfürsorge. Ich sorge für mich selber. FÜR mich selbst sorgen. Fühlt sich nach wie vor gut an. Weiter oben hatte ich schon beschrieben, dass wir Menschen uns lieben sollen, nach Jesus Spruch: Liebe deinen Nächsten WIE DICH SELBST.

NEBENNIERENSCHWÄCHE

Ein Teil der Krankheit hing mit den Nebennieren zusammen. Das sind Hormongebende kleine Drüsen oberhalb der Nieren, die unter anderem das Cortisol herstellen. Diesen Hormonnamen kennt man ja vom Säbelzahntiger der dem Urzeitmenschen hinterherläuft, dieser braucht jede Menge Cortisol, um auf Hochtouren zu kommen. Gemeinsam mit dem Adrenalin. Willst du dazu mehr lesen, im Anhang ist der Link. Es gab viele wertvolle Hinweise, ein Buchtipp ebenfalls im Anhang. Ich begann mit dem sogenannten *Nebennierenmanagement.*

Was bedeutete, immer vor 22:30 Uhr im Bett zu sein, möglichst vorher keine sozialen Medien nutzen, lieber etwas Seichtes lesen, statt Fernzusehen, kein Alkohol, abends nicht zu spät essen (bis 18 Uhr), tagsüber viel Wasser trinken, aber nur bis 19 Uhr. Morgens, möglichst bis 9 Uhr zu schlafen und Aufregung vermeiden.

Letzteres war das Einzige was ich nicht zu hundert Prozent vermeiden konnte. Alles andere habe ich konsequent umgesetzt.

Ein feiner kleiner Hinweis auf eine Nebennierenschwäche sind übrigens sehr dünne Augenbrauen, die nur im zur Nase zugewandten Teil über dem Auge wachsen. Also wie eine dreiviertel Augenbraue.

Fast unbemerkt bekam ich im Laufe der Zeit wieder „ganze" Augenbrauen, mehr innerliche Ruhe, weniger Adrenalinstöße und eine größere Gelassenheit. Festgestellt habe ich das an einem Spaziergang mit Hund, als es zu einer schwierigen Situation kam und ich nicht am Rande einer Ohnmacht stand, sondern alles gelassen handhaben konnte. Fertig. Nicht einmal mehr drüber nachgedacht.

WENN DAS LEBEN DIR ZITRONEN SCHENKT, MACH LIMONADE DRAUS

Im Laufe der Zeit entwickelte ich viele Strategien, mit mir und meiner Prinzessin auf der Erbse-Art umzugehen. Zunehmend wurde mein Leben sehr leicht. Ich entspannte mich immer mehr. Machte tatsächlich aus Zitronen Limonade.

Mein Beginn war das Nein sagen können. Ein Prozess.

Dann lernte ich, Stress, der von außen kam, außen zu lassen. Getrost dem Motto: was nicht zu mir gehört, lasse ich beim Anderen. Reaktion erzeugte also nicht mehr Gegenreaktion! Sondern erst einmal nichts. Keine Re-Aktion!

Ich saß verschiedene Dinge durch: - **nur beobachten** - aus.

Erstaunlich wie schnell sich die stressigen Situationen auflösten und entspannten! Also: gelernt: Beobachten ist die halbe Miete.

Natürlich betrieb ich nur gelegentlich Prokrastination – also die Aufschieberitis. Diese behielt ich mir beispielsweise für die Ordnung im Haus vor. Eine letzte Herausforderung im Übrigen. Ich bin derzeit gut in meiner Übung, auch hier gelassen zu sein.

Wenn Menschen in eine Opferhaltung gehen oder gegangen sind, suchen sie oft Schuldige – dient dazu, die Selbstverantwortung für das Leben weiter zu reichen. Das ist vermeintlich einfacher, hält denjenigen allerdings permanent unselbstständig und im Mangel.

So eine Schuldzuweisungsmasche braucht Sparringspartner. Dazu wurde ich früher relativ gerne gemacht und zeitweise nahm ich das Spiel auch an. Man darf sich dann unnötigerweise erklären, dagegen wehren oder mitmachen und schon ist der Streit (Krieg) programmiert.

In diesem Fall ist die Beobachterrolle wirklich von unschätzbarem Wert. Die Emotionen vom Gegenüber muss ich nicht teilen. Sie sind nicht meine Eigenen. Sie dürfen dortbleiben, von wo sie herkamen.

Wie jemand mit dir umgeht, sagt deutlich mehr über ihn selber aus, als über dich. Jede Abwertung sagt mehr über den Abwertenden aus, als über sein Ziel. Im Laufe der Zeit ging ich hier aus einer verletzen Haltung in ein tiefes Mitgefühl. Das soll nicht heißen, dass ich diese Verletzung vergessen habe. Ich nahm ihr nur die Emotion und ließ sie da, wo sie herkam. Ich stieg sozusagen aus und machte mir so lange eine Limonade, um bei dem Bild zu bleiben.

Am Anfang veränderter Verhaltensweisen, wenn man toxische „Spiele" nicht mehr mitmacht, wird man allerdings noch mehr zum Buhmann. Aussteiger in diesem Sinne, aus alten Familienstrukturen beispielsweise, werden gerne beschimpft und verunglimpft.

Keine leichte Aufgabe, als schwarzes Schaf seinen Weg zu gehen, aus dem Fluss auszusteigen und mal Pause zu machen, auf der Reise.

Bietet man allerdings den Angriffen keine Plattform mehr, steigt nicht in allzu destruktive Emotionen ein, hören solche negativen Spiele auf.

Dem Gegenüber macht es keine Freude mehr, bietet keinen Mehrgewinn und vor allem, kann so keine Energieabzocke stattfinden.

In diesem Spiel war der Satz von Jo von unschätzbarem Wert, den er mir schenkte. Ich habe ihn weiter oben schon einmal niedergeschrieben:

„Wenn der Mensch anders handeln könnte, würde er (sie) anders handeln."

Das relativierte für mich neunundneunzig Prozent aller Verhaltensweisen der mich umgebenden Menschen und macht das Leben äußerst einfach. Aussteigen aus den Energiespielen. Aussteigen aus zwischenmenschlichen Konflikten und ein Leben der Einfachheit und Lebensfreude führen. Wie ein Kind. Immer bereit sein, zu vergeben, weil es im Grunde nichts zu vergeben gibt. Ich gehe also lieber weg, als mich solch manipulativen Kräften und Energien auszusetzen. Das ist für mich auch Selbstfürsorge.

DIE ENERGIEVAMPIRE

Es gibt sie, die Menschen, die viel Energie benötigen und sich diese bei anderen Menschen holen. Ob bewusst oder unbewusst, spielt nicht wirklich eine Rolle.

Ich habe es oft genug erlebt, diesen Energievampirismus.

Selber bester Stimmung oder sehr wach und klar, fällt meine Energie deutlich ab, nach einem Telefonat mit einem Energievampir oder Besuch. So etwas kommt beispielsweise vor, nach einem bewusst erzeugten Streit von anderer Seite. Plötzlich ist man völlig außer sich und das *darf man tatsächlich wörtlich nehmen: Außer sich.*

Außer sich sein, weil der andere Mensch Energie gewonnen hat, die nun außerhalb von mir ist. Sein/ ihr Zugewinn, mein Verlust.

Das Thema breite ich hier nicht weiter aus. Da mag jeder seine eigenen Erfahrungen damit haben. Wichtig ist mir, zu erklären, wie man das einerseits verhindert und andererseits wieder zu seiner Kraft und eigenen Energie kommt.

Beispiel:

Fällt mir auf, dass sich meine Energie verändert, im Zusammenhang mit einem anderen Menschen, ob vor Ort oder am Telefon, trenne ich als Erstes die Kommunikation. Manchmal mit der ersten Hilfe Aktion:

„Sorry, ich muss gerade mal auf Toilette" Den Raum verlassen, (innerlich geht auch, wenn man darin geübt ist) oder die Situation verlassen.

Dann denken (innerlich) oder wenn es geht, laut sagen:

„STOP, hierfür stehe ich nicht länger zur Verfügung!"

Ich hole mir auch immer ALLE meine Seelenanteile zu mir zurück und gebe die der anderen wieder ihnen. Gedacht oder gesagt, einfach in einem Satz! Klappt immer!

„Ich hole alle meine Seelenanteile zu mir zurück und gebe xy seine/ihre Seelenanteile zurück!" Das Ho'oponopono ist hier übrigens sehr hilfreich.

Das Wichtigste ist, sich bewusst zu machen, dass es so etwas wirklich gibt. Da wir ja Energie sind, ist es nur logisch, dass ein Energieaustausch stattfindet. Mütter sind nur allzu oft bereit, dem Kind alles zu geben, auch die eigene Energie.

Liebende tauschen ihre Energien freiwillig und gerne aus, beide schweben doch im siebten Himmel und fühlen sich keinesfalls ausgenutzt. Das meine ich auch nicht mit Energievampirismus.

Menschen, die die Verantwortung für viele Bereiche ihres Lebens nicht selber übernehmen, zehren gerne von kraftvollen Menschen, die voller Energie sind. Sie zehren gleichfalls von Menschen, die aus ihrem Herzen leben. In der jetzigen Zeit geht das nicht mehr ohne Weiteres. Erstens fällt es deutlich schneller auf, das nach Kontakt die Energie absackt. Zweitens ist jede, jeder aufgerufen, aus dem eigenen Herzen zu leben. Das erfordert die Energie der Zeit, denn es handelt sich um die Zeit der absoluten Selbstermächtigung!

SELBSTERMÄCHTIGUNG

Die Zeiten andere zu manipulieren, auszusaugen, Macht auszuüben, sind definitiv vorbei!

Jeder wird jetzt vom großen Ganzen aufgefordert, den Weg zur Liebe zu finden. Ob das in dieser Inkarnation geschieht oder in einer der nächsten, ist im Grunde egal. Hauptsache es beginnt!

Die Sonnenstürme, die Schumann Resonanzen, die Astrologie, alles deutet darauf hin, dass wir in einer wundervollen und großartigen Zeit der Wende leben.

Die Zeit, dass das Spiel sich dem Ziel nähert, ist gekommen!

Wir alle dürfen die Liebe in uns wieder entdecken. Die Liebe zu uns selber, die Liebe zu allem was ist und die Liebe zu allen wundervollen Wesen auf diesem Planeten oder sonst wo.

Wenn du das Kapitel, dass das Leben ein Spiel ist, gelesen hast und die danach folgenden, weißt du, was ich damit meine.

Mancher Mensch würde mich als esoterisch oder spirituell bezeichnen, meine Tochter hat mich früher als Ökotussi bezeichnet, wegen meiner bunten Kleidung, die ich mir komplett selber nähe.

Ich beschreibe mich selber als Mensch, der fröhlich, zuversichtlich und leichtfüßig durchs Leben geht, dennoch tiefgründig, wie du sicher in meiner Erzählung für das Renten-Gutachten in der Psychiatrie gemerkt hast und nicht nur da. Das eine schließt das andere nicht aus.

Meine Devise:

Mach es dir leicht, binde deinen Kahn an einen Stern und erlaube dir, die Welt voller Wunder zu erleben.

Ich freue mich über deinen persönlichen Weg auf der Erde und schließe mit einem Zitat, das Albert Einstein zugeschrieben wird, denn genau so lebe ich:

Es gibt zwei Arten sein Leben zu leben:

Entweder so, als wäre nichts ein Wunder,

oder so, als wäre alles eins.

Ich glaube an Letzteres

Albert Einstein

WEITERFÜHRENDE LINKS

Der Mensch, ein elektromagnetisches Wesen: https://www.paracel-sus.de/magazin/ausgabe/201506/biokraftwerk-mensch

Nebennieren: https://www.endokrinologie.net/krankheiten-neben-niere.php

LITERATURLISTE

Grundlos erschöpft James L. Wilson 2011

Goldmann Verlag; Deutsche Erstausgabe Edition

ISBN 978-3442219469

Die Botschaft der Nahrung Fritz A. Popp und Mathias Bröckers - Verlag: Zweitausendeins; (2005)ISBN 9 78-3861503194

Aus dem Herzen leben: Verständigung ohne Worte, Schöpfung jenseits der Polarität (inkl. CD) Drunvalo Melchizedek KOHA Verlag ISBN 978-3936862164

Das Ende ist nur der Anfang - Das Buch zum Kinofilm Hinter dem Horizont Richard Matheson Goldmann Verlag ISBN 978-3442443563

Die Reise nach Hause Die Geschichte von Michael Thomas und den sieben Engelwesen Kryon - Koha Verlag ISBN 978-3929512718

Werde übernatürlich Wie gewöhnliche Menschen das Ungewöhnliche erreichen Dr. Joe Dispenza KOHA Verlag ISBN 978-3867283250

Die vergessene Generation: Die Kriegskinder brechen ihr Schweigen Sabine Bode Klett Cotta Verlag ISBN 978-3608947977

Wie Traumata in die nächste Generation wirken: Untersuchungen, Erfahrungen, therapeutische Hilfen Udo Baer und Gabriele Frick Baer Semnos Verlag ISBN 978-3934933330

Die Engel, deine Freunde Vom Wirken himmlischer Mächte im Alltag Diana Cooper Heyne Verlag ISBN 978-3453701076

Reality Creation Coaching: Synchronisiere die Welt nach deinen Wünschen   Frederick E Dodson   J. Bohmeier Verlag ISBN 978-3890945064

Reality Creation für Fortgeschrittene Frederick E. Dodson   J. Bohmeier Verlag ISBN 978-3890945989

Lady Rowena Die Leichtigkeit der Seele Ines Witte Henriksen Smaragd Verlag ISBN 978-3938489956

Schriften der Essener / Das Friedens-Evangelium der Essener: Schriften der Essener – Buch 1

Neue Erde Verlag ISBN 978-3890601274

Der Gottes Code Das Geheimnis in unseren Zellen Gregg Braden KOHA Verlag ISBN 978-3867281423

Im Einklang mit der göttlichen Matrix Wie wir mit allem verbunden sind. Gregg Braden KOHA Verlag ISBN 978-3867280211

Zwischen Himmel und Erde Der Weg des Mitgefühls Gregg Braden KOHA Verlag ISBN 978-3929512830

Das Ego im Dienste des Herzens Ein neues Eden Dieter Broers Dieter Broers Verlag Teil 2 der Trilogie ISBN 978-3950381412

Das Kind in dir muss Heimat finden Der Schlüssel zur Lösung (fast) aller Probleme Stephanie Stahl Kailash Verlag ISBN 978-3424631074

Das Drama im Mutterleib – der verlorene Zwilling Ein Lösungsbuch

Alfred und Bettina Austermann Königsweg Verlag ISBN-13: 978-3981247121

Jetzt reicht's mir aber Dein Weg durch Ärger und Wut zum Frieden mit dir und den anderen Robert Betz Heyne Verlag ISBN 978-3453703261

Muscheln in meiner Hand Eine Antwort auf die Konflikte unseres Daseins Anne Morrow Lindbergh Piper Verlag ISBN 978-3492214254

Vatermänner: Ein Bericht über die Vater-Tochter-Beziehung und ihren Einfluss auf die Partnerschaft Julia Onken C.H. Beck Verlag ISBN 978-3406702310

Die Vaterfalle Die Macht der Väter über die Gefühle der Töchter Julia Onken Rowohlt Taschenbuch ISBN 978-3499607394

Eins Sein: Eine kosmische Reise Richard Bach Goldmann Verlag

 ISBN 978-3442412273

Illusionen Die Abenteuer eines Messias wider Willen Richard Bach Ullstein Taschenbuch ISBN 978-3548221175

Leben im Licht Shakti Gawain Allegria Taschenbuch ISBN 978-3548741789

Die Jesus Botschaften Das neue Testament für unsere Zeit Paul Ferrini Allegria Verlag ISBN 978-3548745978

Die Evangelien in aramäischer Schrift George M. Lamsa Neuer Johannes Verlag ISBN 978-3907119037

Zwischenleben Shirley MacLaine Goldmann Verlag ISBN 978-3442067695

Wie Engel uns lieben Wahre Begebenheiten mit Schutzengeln. Mit Antworten auf die meistgestellten Fragen Sabrina Fox Knaur Mens-Sana ISBN-13: 978-3426872437

Warum Engel fliegen können Lichtvolle Kontakte mit unseren Schutzgeistern Terry Lynn Taylor Goldmann Verlag ISBN 978-3442121175

Das große Buch der Engel Namen, Geschichte(n) und Rituale Jeanne Ruland Schirner Verlag ISBN 978-3843411875

Die neue Zeit ist jetzt Sananda Barbara Vödisch Smaragd Verlag ISBN 978-3934254442

WICHTIGER HINWEIS!

Dieses Buch und sein Inhalt ersetzen keinesfalls einen Besuch bei dem Arzt oder Heilpraktiker deines Vertrauens.

Du übernimmst die Verantwortung für dich und bist es dir wert, dir liebevolle Selbstfürsorge zu schenken.

Ich gebe keine medizinischen Tipps oder Hinweise, sondern lediglich Möglichkeiten, eine andere Sichtweise einzunehmen.

Bitte zögere nicht, einen Therapeuten oder deren Einrichtungen aufzusuchen, wenn du unter einem Leidensdruck stehst.

Jeder Mensch ist anders, alle unsere Wege sind anders.

Mein Weg ist nicht deiner und umgekehrt. Vergleiche dich bitte auch nicht mit mir. Du bist du und genau wie du bist, bist du richtig! Nimm dich an, in deinem So-Sein und vertraue der Zeit und deiner inneren Führung. Sie wird dich schon leiten, selbst, wenn du das vermeintlich nicht merkst.

Ich übernehme keine Verantwortung für das oder die Leben anderer Menschen, auch nicht für die meiner Leser.

Jedoch wünsche ich dir von tiefem Herzen, dass du erkennst, was du für ein wundervolles Licht bist!

Eines Tages wirst du das erkennen, falls du es noch nicht gespürt hast oder noch nicht weißt.

Binde deinen Kahn auch an einen Stern und freue dich, wo er dich hinführen wird.

Wunder gibt es überall!

Ich freue mich, dass es dich gibt! Wenn dir mein Buch gefallen hat, freue ich mich über eine wohlwollende Bewertung, zum Beispiel auf Amazon.

Gerne kannst du mir auch eine Email schreiben: bindedeinenkahnaneinenstern at e-mail.de

Du findest mich auf Facebook auch unter diesem Buchtitel

Meine Homepage findest du hier:

www.leelafee.jimdo.com

DAFÜR GIBT'S KEINEN OSKAR, ABER EIN DANKE

Ich danke dem Leben, dem Universum, den Engeln, dem großen Ganzen und jeder anderen Seele, der ich auf meinem Weg begegnet bin.

Außerdem danke ich mir selber, denn ich hatte einst beschlossen, dieses Spiel mitzuspielen, nicht ahnend, wie herausfordernd es gelegentlich sein kann.

All die guten Eigenschaften, die mir als eine Art Pipi Langstrumpf dabei helfen, das Leben immer wieder zu umarmen und mit Humor und Freude zu erleben, umarme ich dankend.

Einen liebevollen Gruß sende ich an alle Seelen, die die Erde bereits wieder verlassen haben. Wir sehen uns wieder. Nein, das ist keine Drohung, sondern eine Liebeserklärung.

Ganz besonders danke ich natürlich Jo, meinem Liebsten, der mich nachhaltig beeindruckt hat und den ich niemals vergessen werde. Im Herzen sind wir ohnehin verbunden. Die Liebe hat etwas Gutes an sich: sie stirbt nie!

Ich danke meiner Tochter, für alle Lektionen, durch die wir durchgegangen sind. Du bist ein sehr starker, sehr hochsensitiver Mensch. Zeit, dich selber zu lieben und wert zu schätzen! Ich liebe dich, Rike!

Liebe Leserin, lieber Leser, fühle dich umarmt und gesegnet!

Geboren wurde ich für dieses Lebensspiel 1956 in Hamburg. Die Wege des Lebens führten mich zu vielen naturheilkundlichen Ausbildungen und eines Tages nah an den schönsten Wald, den ich kenne, an den Soonwald im Hunsrück.

Mittlerweile habe ich einige Bücher geschrieben. Mir gefällt der Gedanke, dass wir Menschen uns so vieles zu sagen haben und viele ähnliche Erlebnisse die Brücke sind. Mein Umgang mit dem Leben ist von dankbarer Freude und Liebe, sowie großer Menschenfreundlichkeit geprägt. Das teile ich gerne, wenn es willkommen ist. Manchmal eben in Buchform. Ich bin ein Mensch unter acht Milliarden und gehe meinen eigenen Weg. Wenn du aus meinen Erfahrungen für dich eine schöne Erkenntnis ziehen kannst, danke ich dir! Dafür hat sich das niederschreiben gelohnt!

Übrigens handele ich oft nach dem Spruch, im übertragenen Sinn natürlich:

wenn du kein Einhorn sein kannst, sei ein Einhorn!

Leela Vogl, Januar 2025

Mein Buch **Nebel im Kopf**, Leela Vogl BoD Verlag   ist zu beziehen bei mir, Amazon, BoD-Verlag oder im sonstigen Buchhandel. 18,90€, 304 Seiten, mit 60 Rezepten (ohne Fotos). Das vorliegende Buch kündigte ich im Ernährungsbuch bereits an, mit dem Titel: Hand in Hand mit dem Leben. Titel geändert, Zeit vergangen und nun war es so weit! Ich danke dir für dein Interesse daran!

Lilli - Geschrieben von meiner Mutter Ingrid Herold, BoD Verlag.

Zu beziehen im Buchhandel, Amazon. Eine sehr bewegende Erzählung und Beschreibung des Lebens meiner Großmutter, die von 1905-2001 lebte.